禪無所求
——聖嚴法師的〈心銘〉十二講

Song of Mind

聖嚴法師◎著
單德興◎譯

序

　　我的英文禪學講錄，迄今為止已在美國及英國，出版了十五種，有人以為是由中文翻成的，其實正好相反，其中有幾種被譯成了中文，都是先出了英文版才有中文版的。

　　一九七〇年代我到美東初期，由於跟我學佛修禪的多係美國大學青年，我便運用他們的語文能力，陸續地翻譯了中國禪宗史上若干精彩的禪門詩歌，集印出版，名為《開悟的詩偈》。接下來我在西方世界主持的禪七之中，多半便依據這本詩偈的英譯，逐篇講出，陸續在美國的法鼓出版社、香巴拉出版社、雙日出版社、牛津大學出版部、北大西洋出版社以及倫敦的出版社，出版問世。

　　在華文界，一者由於我的中文著作已經夠多，二者教內

的文化界，似乎對我的英文講錄也沒有多大興趣，所以無人想到要譯成中文。後來在中央研究院服務的單德興博士，於訪問歐洲期間，留心佛教相關的出版物，在書市僅見到我的一本書是出於華人作者，其他國家的作者所寫倒還不少，因此開始選擇了我的幾種英文講錄，陸續譯成中文，在台灣出版。現在，除了單博士譯的數種，交給法鼓文化，也有商周出版公司為我出版了一冊中譯本。

單德興跟我學佛修禪，也有好多年了，他的中、英文造詣都很有底子，他的譯作既能掌握英文原意，也能兼顧華文讀者的習慣，及對禪宗文獻的忠實解讀，所以非常受到華文世界的歡迎。

本來我已不必說什麼了，但法鼓文化問我能不能為此寫序，因此敘述一般尚不為人知的歷史過程，用資紀念，並向單德興博士的辛勞與用心致謝，也向法鼓文化同仁致意。

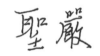

二○○六年八月四日

譯者序

　　本書收錄聖嚴法師於美國的十二次禪七開示，內容集中於牛頭法融禪師的〈心銘〉，對象多為法師的外籍弟子，經現場英譯、謄錄、編輯後，由出版靈修書籍著名的香巴拉（Shambhala）出版社於二○○四年印行。

　　由於是禪七開示，所以重點不在歷史的考證與文字的詮解，而是運用法師個人的證悟，將古德的詩偈活用於禪修的指導。譯者在〈輪血管的輪血管──中譯聖嚴法師著作〉一文曾指出，法師這類作品「不但對於現場的禪修者產生當下的效益，也將禪修連接上佛教的經論和古代大德的悟境，提供了有關經論與詩偈的『禪解』，或許可稱為某種意義的『從禪出教』（從個人的證悟引申出對於佛法的見地）或「藉

教悟宗」（以佛法的經論來印證禪修的體驗）」（《我打禪家走過》，頁九八）。這些顯示了法師致力於佛法的現代化、普及化與國際化的實踐。

也由於是禪七開示，所以在將英文——更精確的說法應該是英譯——轉化為中文時，成為另一種形式的還原，必須多方揣摩法師在禪七和其他場合開示時的神情與口吻，以保持親切、幽默、平易近人、深入淺出的特色。然而，口語的開示畢竟與書面語有別，再加上〈心銘〉本身為四言的詩偈，詞約理富，言簡義豐，所以中譯必須在口語與精練之間維持平衡。記得在與法鼓文化的同仁連繫時，曾提到翻譯此書的優先順序為忠實、順暢、精簡。

本書主要是在出國期間抽空完成的，由於部分內容在《人生》雜誌連載，每月校讀台北傳來的譯稿就成了月課，再配合以〈聖嚴法師一○八自在語〉作為日課，為在異國的我提供了安心之道。以「輸血管的輸血管」自我期許的譯者，盼望有心的讀者能透過譯文領會法融禪師的〈心銘〉和聖嚴法師的開示，同霑法喜，精進道業，了悟心法。

單德興

美國加州柏克萊

二○○六年七月二十六日

謝　詞

　　這本有關牛頭法融禪師〈心銘〉的書，是我在美國多次禪七中的開示。此書來自許多人的貢獻，首先就是參加禪七的學員和弟子，他們提供我因緣，讓我說出這些訓勉的話。

　　我也要感謝僧伽和志工協助組織、規畫這些禪七，包括為打禪七的人準備一日三餐健康素食的人。

　　此外，我也感激一些人利用他們的專長整理出〈心銘〉的完稿。首先就是把我的話翻譯成英文的譯者。這些開示先錄在卡帶上，然後以數位方式謄出，編輯出版。我要感謝以下諸位的貢獻：

　　翻譯：王明怡、Paul Kennedy

謄稿：Christine Sha, Anselma Rodgrigues
　　　Bruce Rickenbacher
編輯：Ernest Heau, Chris Marano
編輯協助：Stacey Polacco, Mike Morical, 陳維武
出版：王翠嬿

　　最後，我要感謝香巴拉出版社發行這個版本，讓牛頭法融這位大禪師能跨越許多世紀，與今天繼續求道、修道的修行者分享他的智慧。

聖嚴

二〇〇四年，紐約市

緒　論

　　牛頭法融禪師（五九四～六五七）是禪宗四祖道信（五八○～六五一）的弟子，也就是五祖弘忍（六○二～六七五）的師兄弟。根據禪宗的記載，法融出家之後先跟隨一位三論宗的學者研究佛教理論，也精通儒家和道家的哲學和儀禮、中國歷史以及醫術。然而，法融禪師最喜歡禪坐，花了二十年時光在深山修行，與鳥獸為伍。四祖道信聽說這位和尚和他的修行，便前往指導。法融禪師在四祖座下開悟後，吸引來不少弟子，超過三百人隨他修行。法融禪師主要是講說《法華經》和《大般若經》，也研究《維摩詰經》和《華嚴經》，後者是禪宗華嚴宗的基礎。

　　在〈心銘〉此詩偈中，法融禪師開示：我們的心原本清

淨，但只要有一個念頭進入心中，清淨就喪失。因此，他很強調修行的方法，也就是觀念頭的生滅。但念頭的生滅是虛妄的，因為如果當下一念維持不動而且不消失，下一念就不會生起，這時就沒有念頭的生滅，因而也就沒有什麼要斬斷的了。因此，法融禪師說，諸佛、眾生原本無心，因我們有念頭而生心。眾生若要成佛，虛妄心必須變為無心，也就是說──開悟。

法融禪師的方法強調的是同時修「惺」和「寂」，而不執著於其中任何一個。開始時我們必須用感官來觀察世界，但不該用分別心來執著於世界。當我們放下分別時，呈現於感官的虛妄世界就會消退，進而消失。隨著虛妄世界的消失，我們的凡夫心也會消失，從而體驗到清淨心，也就是本心。

到達那個階段時，開悟心依然是在世間正常運作。其實，他人會把你看作是平常人，差別在於：你的心不動、不分別。因此，〈心銘〉說：「正覺無覺，真空不空。」你沒有離開真空，卻依然修習、信奉佛法；但現在修行不是為了成佛，而是只管修行。凡夫覺得需要理由去做某件事，但心懷目標來修行是不可能達到無心的境界的。

禪無所求

目錄

心 銘

牛頭法融禪師

心性不生，何須知見？本無一法，誰論熏鍊？
往返無端，追尋不見。一切莫作，明寂自現。
前際如空，知處迷宗。分明照境，隨照冥蒙。
一心有滯，諸法不通。去來自爾，胡假推窮。
生無生相，生照一同。欲得心淨，無心用功。
縱橫無照，最為微妙。知法無知，無知知要。
將心守靜，猶未離病。生死忘懷，即是本性。
至理無詮，非解非纏。靈通應物，常在目前。
目前無物，無物宛然。不勞智鑒，體自虛玄。
念起念滅，前後無別。後念不生，前念自絕。
三世無物，無心無佛。眾生無心，依無心出。
分別凡聖，煩惱轉盛。計較乖常，求真背正。
雙泯對治，湛然明淨。不須功巧，守嬰兒行。
惺惺了知，見網轉彌。寂寂無見，暗室不移。
惺惺無妄，寂寂明亮。萬象常真，森羅一相。
去來坐立，一切莫執。決定無方，誰為出入？

無合無散，不遲不疾。明寂自然，不可言及。
心無異心，不斷貪淫。性空自離，任運浮沉。
非清非濁，非淺非深。本來非古，見在非今。
見在無住，見在本心。本來不存，本來即今。
菩提本有，不須用守。煩惱本無，不須用除。
靈知自照，萬法歸如。無歸無受，絕觀忘守。
四德不生，三身本有。六根對境，分別非識。
一心無妄，萬緣調直。心性本齊，同居不攜。
無生順物，隨處幽棲。覺由不覺，即覺無覺。
得失兩邊，誰論好惡？一切有為，本無造作。
知心不心，無病無藥。迷時捨事，悟罷非異。
本無可取，今何用棄？謂有魔興，言空象備。
莫滅凡情，唯教息意。意無心滅，心無行絕。
不用證空，自然明徹。滅盡生死，冥心入理。
開目見相，心隨境起。心處無境，境處無心。
將心滅境，彼此由侵。心寂境如，不遣不拘。
境隨心滅，心隨境無。兩處不生，寂靜虛明。
菩提影現，心水常清。德性如愚，不立親疏。
寵辱不變，不擇所居。諸緣頓息，一切不憶。
永日如夜，永夜如日。外似頑囂，內心虛真。
對境不動，有力大人。無人無見，無見常現。
通達一切，未嘗不遍。思惟轉昏，汩亂精魂。

將心止動，轉止轉奔。萬法無所，唯有一門。
不入不出，非靜非諠。聲聞緣覺，智不能論。
實無一物，妙智獨存。本際虛沖，非心所窮。
正覺無覺，真空不空。三世諸佛，皆乘此宗。
此宗毫末，沙界含容。一切莫顧，安心無處。
無處安心，虛明自露。寂靜不生，放曠縱橫。
所作無滯，去住皆平。慧日寂寂，定光明明。
照無相苑，朗涅槃城。諸緣忘畢，詮神定質。
不起法座，安眠虛室。樂道恬然，優遊真實。
無為無得，依無自出。四等六度，同一乘路。
心若不生，法無差互。知生無生，現前常住。
智者方知，非言詮悟。

第一次禪七

———

心性不生

一、念頭是虛幻的

心性不生，何須知見？

法融禪師開宗明義就說：「心性不生。」這正是佛陀本人所教導的：所有的念頭都是虛妄的。參加禪七的人經常在意昏沉和散亂心，然而，這些念頭來來去去，原先並不在心裡，也不是永遠存在的。因此，我們稱它為妄念，因為佛教認為所有的時間現象都是虛妄的。如果散亂心不是虛妄的，它就會永遠存在，也永遠不會改變；如果昏沉不是時間現象，就會永遠昏沉。事實上，當心集中時，散亂就會消失；

當心清醒時，昏沉就不見了。因此，昏沉和散亂心都是虛妄的。打坐也是虛妄，但我們用它來使妄心不致生起。

來打禪七而期望開悟、體驗佛心，這是自我欺騙。的確，既然沒有心這回事，也就沒有佛心可言。在祛除妄念之後所體現的自性也是虛妄的，因此修行時想以佛心來取代妄心，這種想法是錯誤的。

這是不是意味著你這輩子就一直用一種虛妄來取代另一種虛妄？《心經》說：「色不異空，空不異色。色即是空，空即是色。」

當色消失時，也沒有空可言。當妄心消失時，真心也消失；當妄心不動時，真心也就不存在。因為期望開悟，所以我們用功，但修行時心中不該存有那種念頭。即使我們開悟了，也不該認為得到了任何東西。

在修行之前，人們不知道自己的妄心，認為自己體驗到的每一件事都是真的。開始修行之後，他們得知心是虛妄的。當最後體驗到開悟時，也許認為他們以真心取代了妄心。但〈心銘〉否定了這種觀念：如果心性不生，那麼妄心和真心都不存在。臨濟禪師（卒於公元八六七年）說，求佛之心是輪迴之心。你們來這裡修行，那就夠了，除此之外不要尋求任何東西。

「何須知見？」意思是說不該渴求知識。你也許認為修行困難，但其實是容易的。只要放下你的知見──煩惱的源

頭——虛妄之心就會消失。散亂心只不過是冰山的一角，隱藏的部分就是你自出生以來所累積的所有知見。開始修行之道，首先就是要安定你的散亂心。

二、如同從夢中醒來

本無一法，誰論熏鍊？

打禪七的人有兩個問題：想要抓住某個東西，卻抓不住；想要擺脫自我，卻擺脫不了。在跟自己掙扎時，反而為自己製造了更多的麻煩；在試著要泯滅自我時，反而使得自我更為頑固。並不只是某一個人如此，而是每個人修行時都會遭遇到問題。畢竟，如果沒有問題的話，你早就開悟了。

法融禪師說：「本無一法，誰論熏鍊？」在這裡，「法」代表的是所有的現象，包括佛法。對於尋求解決在修行中所出現的問題的人來說，這種說法也許會令他困擾。畢竟，如果既沒有法，也沒有佛法的話，要用什麼來引導修行呢？即使老參也會懷疑那到底有什麼用，這是一種錯誤的態度。

不要擔心修行有沒有用，只要專注在修行本身，不要有其他的念頭，尤其是開悟的念頭。修行就像夢一樣，你在夢中可能走得快或慢，走得遠或近，但醒來時，你知道它從來

沒有真正發生。你在夢中不管走得多快或多遠，都跟醒來無關。修行不是為了開悟，但當開悟時，就像從夢中醒來。

修行，就是生命本身

　　　　　往返無端，追尋不見。

　　你可以把一塊肉綁在竹竿一頭，然後把竹竿綁在狗背上，讓肉就在狗的面前盪來盪去，不管狗怎麼努力去追，卻總是追不上，在打坐中尋求結果就像這樣。

　　這裡再舉一個比喻：不管你走到哪裡，你的影子就跟到哪裡，既然擺脫不了影子，為什麼又要厭惡它呢？想要擺脫煩惱也是一樣。再打個比喻：有寵物的人經常弄個跑步籠來讓這些寵物忙，寵物跑得愈快，籠子轉得也就愈快，但寵物從來擺脫不了籠子，而籠子也待在原處，哪裡也去不了。如果以焦慮、期盼之心來修行，那就是你的下場——哪裡也去不成。同樣的類比也適用於嘗試擺脫死亡和煩惱。要逃的是誰？是自我，但如果自我本身就是煩惱，又如何擺脫得了煩惱？

　　有人由東向西看，而稱它為西方；有人由西向東看，而稱它為東方。他們看的是同一件東西——凡事是相對的，沒有究竟的東方或西方。如果你跑向西方想要找到它的源頭，

就會永遠跑下去。試著明確指出開悟，就像試著要找到西方或東方的源頭一樣。「你」想要開悟，「你」想要見到自己的真性，「你」想要擺脫煩惱，如果沒辦法放下的人就是「你」，「你」又怎麼可能開悟呢？

有些人希望從佛菩薩得到祝福或力量來修行；其他人則希望修行，以便能把學到的東西用來幫助他人；還有一些人（這是最好的方式）把修行看成是自己的整個生命，在修行之外沒有其他東西——生命本身就變成了修行。他們並不嘗試做任何事，但每一件事都完成；當別人問起時，他們會說自己什麼事也沒做。我們應該期盼成為這類的修行人，這就是法融禪師所談的。

有些人修行是為了得到什麼，有些人決心要使菩提心（也就是開悟之心）現前，變成菩薩，幫助有情眾生。法融禪師要我們更進一步，於修行時一無所求。

什麼是真正的解脫？

一切莫作，明寂自現。

從眾生的觀點來說，佛是存在的，但佛卻沒有成佛這種觀念。如果佛認為自己在幫助眾生，那麼他就不會是佛。就像臨濟禪師所說的，想要成為開悟的祖師就是輪迴之業——

這是自我的產物。

　　從修行中有所得的人經常告訴我：「謝謝你給我這麼多，讓我獲益良多。」但我的希望是，藉著修行你能擺脫自己所有的一切，而不帶任何東西離開。你獲得的愈多，麻煩就愈多。如果你把在這裡所說的一切、你在這裡所經歷的一切都帶回家，就會把一大堆麻煩帶回家。此時此刻聽我說話是有用的，但這些話只是為了現在這個時刻，沒有必要繼續想它，或抓住不放。

　　打坐時，剛開始要孤立自己。首先把自己從日常生活和日常所關切的事情孤立出來。其次，要從周遭的人和事孤立出來。第三，把自己從前念和後念中孤立出來，而停留在當下，沒有其他事要做，因為如果不為下一個念頭所煩擾，那麼就不是在追尋任何東西。

　　有個故事說，有一位老禪師快去世了。因為他的功德很大，所有的天界都打開門來歡迎他。他本來可以遇到佛菩薩的，但他知道如果自己去天堂，那只不過是自我去到那裡。因此，他決定不去什麼地方，也不離開什麼地方。就在這個時候，有個來自地獄的鬼出現，並且說：「閻羅王有令，要我把你帶走。」老和尚說：「我並不在這裡，如果你要的話，儘管把我帶走。」

　　真正的解脫不是來自想要得到解脫；在真正的解脫中，不渴求任何東西，不捨棄任何東西，不去任何地方，也不逃

避任何地方。那意味著不爲環境所動，沒有愛、憎。

三、執著於過去

前際如空，知處迷宗。

沒有累積的經驗、知見，就不會有妄心。如果你不知道出生時的名字，今天就不知道自己的名字。如果把自己跟過去切斷，就不會有任何妄念。事實上，因爲此時此刻沒有妄念，未來根本就不會有任何念頭。

念頭之所以生起是因爲執著過去、期盼未來，我們把這些念頭串連，來進行比較和判斷。我相信你們所有人今天在蒲團上打坐時，心中都有念頭，有些念頭是關於未來、你的工作、計畫、家庭、朋友等，所有這些念頭都來自過去。如果我因爲你有念頭而責罵你，你也許會傷心、生氣或高興。譬如說，你覺得高興，這種高興也來自於過去的經驗，你知道從我這裡可以得到什麼，而我的指導也讓你高興。

〈心銘〉說：「前際如空。」你先前的一個念頭已經不再存在了，更前面的那個念頭也不存在了。過去沒有東西存在，已經過去了。如果過去繼續存在的話，那不是很有趣嗎？如果一部車子開上馬路，而過去繼續存在的話，那部車

子就不會從一個點開到另外一個點,而是形成一個連續的實
體,把街道都堵住了。如果過去存在的話,我們如何快步經
行?然而,即使過去不存在,我們似乎也無法不思念過去。
過去的幸與不幸、成功與失敗都不實在,我們卻依然執著於
它們。

前兩天跟別人的爭吵已經過去了,那已經是過去的事
了,為什麼還執著於它?如果我們能把握「前際如空」這個
原則,只消一秒鐘的修行就能成功,不會有任何妄念阻擋。

今天有人告訴我說:「如果不動的心是佛性,我就會告
訴我的心不要動。」不幸的是,當你告訴你的心不要動時,
你就在動心了。如果你說你的心不動,誰又在想那個念頭?
凡是感覺或思想,心都已經動了。很難有不動之心,因為我
們身上扛著太多的過去。我們也許在理智上同意過去是虛妄
的,卻牢牢抓住它。我們並不完全信服我們的過去、我們的
念頭、我們的心是虛妄的,那也就是為什麼我們要用修行的
方法──用一個妄念來取代其他妄念。

《金剛經》上有一句說:「心無所住。」換句話說,心
不該執著於任何東西,這就是智慧。詩偈的第二句說:「知
處迷宗。」如果心執著於任何東西,那就是虛妄、執著和煩
惱。關於金錢、工作、心愛的人這些念頭都是煩惱,但關於
開悟、智慧、成佛的念頭也是煩惱。

有人來跟我談參加禪七的事,她說:「我年紀很大了,

不知道自己還有多少時間，因此急著要開悟。」我就問她知
不知道如何打坐，她說：「知道，但我要找個能幫我開悟的
師父。」我回答說：「人們來這裡的時候，我叫他們不要想
開悟，你還要來嗎？」她回答說：「如果這裡沒有開悟，那
麼我就不參加禪七，但那是不可能的，你在書上說有開悟這
一回事。」我說：「的確，但我並沒有告訴人要去開悟。」

那位女士認為我的說法很奇怪，其實一點也不奇怪。如
果你追求什麼，那本身就是煩惱。追求開悟就是煩惱，有執
著就有煩惱。

如果你快要掉入大海，當然會想抓個東西保命。不妨這
麼想：四周是汪洋大海，但你不要它，你拚命想找個東西來
抓。只要你抓住自我，就不能解脫；如果放下自我，那就是
解脫。如果你從船上掉下，而心裡想：「真棒，我現在擺脫
那艘小船了」，那麼就不會想要抓住任何東西。反之，如果
你掉到海裡而心裡想：「這下子我死定了。」那就不是解
脫，而是死亡。只有沒有執著的人才是真正開悟，沒有執著
時，就沒有顛倒，沒有恐懼。

開悟的心裡有什麼？

分明照境，隨照冥蒙。

　　這兩句偈是說心不存在於時間或空間之中。這裡所說開悟的心的確有它的作用，但其中卻沒有什麼真實或實質的東西可以讓人指認，開悟的人依然有意願或誓願要幫助眾生。眾生覺察到心的存在，但開悟的人無心，卻依然發揮作用——如此而已。

　　有一次我演講時，有人問我，開悟的人會不會生氣，我回答說：「會。」他說：「那就奇怪了，他們不該有任何煩惱的。」我說：「一般人生氣是來自裡面，但開悟的人生氣，是因為其他人惹他們生氣。」那人問道：「其他人怎麼會惹他們生氣？他們應該不動心的，不被其他人影響的。」我回答說：「開悟的人只是純粹反映事情；如果其他人存在，開悟的人就會反映他們的存在，但開悟者本身沒有任何東西。」

　　一般人生氣時，他們不會忘記。但對開悟的人來說，只要引發他們生氣的那個時刻消失，就會忘掉他們的忿怒，心裡什麼也不留下。暴風雨之後，太陽出現，萬物又美麗了。雷雨離開了，剩下的就是朗朗乾坤。如果天氣晴朗之後，依然下雨打雷，那就奇怪了。

　　台灣有位牧師是大學校長，他有個學生說，這位牧師會生氣，但過後好像什麼事都沒發生一般。也許因為他是神職人員，所以只為別人的緣故而吵架，因為跟自己無關，何必繼續生氣？能培養出這種技巧是很好的，但卻因為我們的執

著而非常困難。當我們和心愛的人爭執時，很難忘懷，因爲他們是我們的一部分。如果有人拿走你的錢，你沒辦法忘懷，因爲你認爲這些錢屬於你。

如果心不存在於時間和空間之中，那麼心中就沒有任何事。心中發生的任何事都可以放下，因此沒有任何事留下。現在禪七已經過了一半，是不是還有放不下的東西？你也許會說：「我打坐坐得很好，我感覺很好，如果我暫時想想其他事，應該沒什麼關係。」這麼一想，情況就完全改觀，數息就數不好，就會去想：「我現在表現得很差。」這些念頭之所以生起，是因爲你的心執著於過去，在思考是好還是不好。

我一直在說拋棄過去，但你應該把現在也拋棄。然而，要知道把過去和現在拋棄並不意味心裡一片空白！你依然明白事情，但心是明朗的，沒有執著。

四、一心依然執著於自我

一心有滯，諸法不通。

你們來打禪七，希望透過打坐來提昇修行，來清淨自己的心。如果你們有更大的期盼，當我說打坐和開悟無關時，

也許會覺得洩氣。你們當中有人心想，如果打坐不會讓人開悟，那麼它的用意何在？答案在於：打坐不會讓人開悟，但不打坐絕對開不了悟。的確，有些人不修行就能開悟，但那些人是鳳毛麟角，這就是所謂的「慧解脫」。釋迦牟尼佛最初的弟子聽他開示四聖諦就開悟了；佛經上說，有些人聽到佛陀的幾句話就開悟了。

雖然開悟並不是靠打坐，但打坐依然有利於靜心。這是因為我們的心通常都很散亂，以致不可能開悟。但如果心不散亂呢？或者像你們當中有人告訴我的，如果有時心中沒有任何念頭呢？知覺到自己沒有念頭，這本身依然是個念頭，至少還是有個自我的觀念。我敢說，即使你認為自己一個念頭都沒有時，依然是有念頭，只不過你不知道罷了。佛陀說，凡夫心中一剎那就有六十四個念頭來去。這些念頭之所以生起，是因為我們受了貪、瞋、癡三毒的影響，因為三毒的緣故，我們的心就不由自主地一直在動。只有藉著超越三毒，心才能停止活動。

以下要說的可能看起來跟我先前的說法矛盾，其實和法融禪師的說法相符。即使你的心暫時停止了——不管它停止在什麼東西上——卻依然有障礙，而你已經失去了方向。在這種情況下，就不能瞭解任何法。停在某件東西上的心，不管那件東西是在內還是在外，都不是不動的心，因為它執著於那件東西。心總是會執著於外在的事物或自我。不管是哪

一種情況，都預設了自我的存在。而只要自我存在，就不能
瞭解法。

當心停留在外在的現象和內在的妄念時，依然是散亂
的，依然區分「你」、「我」、「他」，主體和環境。在這些
紛紛擾擾的現象中，自我必然存在。但即使沒有一個對象讓
心停留在上面，當沒有環境而且沒有什麼東西跟自我相關時
（譬如在深定中時），自我感依然存在，這也不是開悟。

若心停留在任何東西上，就不會開悟。然而，修行人，
尤其是初學者，需要抓住某件東西來集中他們的心。那也就
是為什麼我們有個方法：有個東西能讓心執著，把心集中於
一點。這依然是執著，卻是初階修行中必要的。

我經常用以下的方式來說明修行的階段：開始時是散亂
心，沒有方法；有了方法之後，我們終能努力朝向集中；
只要認真、有決心，集中的情況就會改善，直到自然而然進
入一心的定境。但在定境中，心仍然停留在一心，也就是自
我之上。我們必須超越一心，到達無心，這時心真的沒有停
留在任何東西上，唯有這樣才能真的與諸法相應。

不動之心依然發揮作用

去來自爾，胡假推窮。

心停留在某件東西上，這種說法並不意味著它不動。心之所以停留，是因為它執著於事物；而心之所以執著於事物，是因為它在動。當心不動時，就沒有執著，不會停留在任何事物上。

有些批評者因此猜測，不動之心就像死屍、石頭或木頭一樣。其實不然，真正瞭解諸法的人依然「去來」。我們可以用兩個層次來理解「去來」。就第一個層次來說，在開悟者的心中，念頭、感情、判斷、文字、行動也許去去來來，但這些去來是在心之外，而心內是靜止的。其實，這時無心，只有眾生和現象，但這些眾生和現象跟開悟的人完全無關，雖說開悟的人依然思考、說話、自然因應眾生。

就第二個層次來說，的確是有去來，但都是在心中。既然所有的去來都限於心中，其實也就沒有去來。譬如說，你把銅板從左手換到右手，右手換到左手，那個銅板依然沒有離開你。一切眾生都是這個自我，這個自我和一切眾生沒有分別，因此，沒有另一個分離的心可言。眾生看來是在動，但心沒有動。由於心不動，而一切眾生其實就是這個心，那麼眾生就不動。如果萬事萬物都已經在人的心中，那就像法融禪師所問的：何必去推窮、參究任何東西呢？

但我們依然參話頭、數息來靜心，目的何在？是為了見佛性嗎？但佛性本自具足。我們之所以看不見它，是因為我們總是存在著煩惱。佛教避談佛性和眾生的源頭，目的何

在？佛教是講求實用的，尋求清除煩惱，讓佛性現前。這並不難達到，當心消失不見時，佛性自然出現，而即使心散亂、煩惱時，佛性依然存在。

我們可以把煩惱心比喻成一條移動的曲線，把佛性比喻成一條靜止的直線，這兩條線也許看起來不同，但如果我們把曲線拉緊，拿穩，就會變成靜止的直線。當線一直在動時，很難看清它的本性。我們可以說，靜止的直線代表佛性，移動的曲線代表煩惱，但兩條線性質相同，妄心和佛性並無不同。

心停止分別時，佛性就現前。即使這麼說依然會誤導，因為佛性似乎與凡心不同，好像是隱藏的，直到妄心離開為止。其實，妄心已是佛性。因此，談論妄心的本質是沒有意義的，它沒有開始，因為它就是佛性本身。如果妄心有開始的話，那麼佛性必須也有開始。

今天有人問我，是一切眾生的散念匯入一個佛性，還是每個眾生都有一個獨特、不同的佛性。換句話說，每位眾生的佛性是不是不同？太平洋的水性和大西洋的水性是不是不同？東方的風性和西方的風性是不是不同？其實是同樣的水性、同樣的風性。

佛性既不是可分的，也不是固定的，那也就是為什麼我們可以說一切眾生在開悟者的心中來來去去。開悟的心也許不動，但卻是活躍的。開悟的心依然發揮作用，但比妄心更

直接、明瞭。在開悟的心中,找不到執著或分別。念頭相應於他人而自動生起,與開悟的人沒有關係。問他們幫助了多少眾生,那是很沒有意義的。唯一的答案就是:根據因緣來幫助眾生。如果一個人的因緣成熟,就會受到幫助。

人們說佛陀解救眾生,但只有因緣成熟而接受佛法的人才能獲益。因緣不成熟的人無法受到幫助;也許他們不需要幫助,也許他們過去受過幫助,或者未來會遇到善緣。譬如說,兩百年前西方很少人知道佛法,更少人願意接受佛法。但過去五十年來,許多西方人開始研究和修習佛法,老師也來這邊弘揚佛法。在西方學習佛法的因緣已經逐漸成熟,看來還會更成熟,因為西方人好像很渴求佛法。不管他們學的是中國禪、日本禪、密宗或南傳佛教,都很好。

人們的機緣不同,但這都是相同的佛法,就像提供人們所需的市場一樣。如果因緣改變,人們對佛教失去興趣,那也沒關係,改變是萬物的本性。如果將來沒有人對我的教法感興趣,我就會失業,那也沒關係,我會有更多的時間來打坐。

修行的目標就是心無一物。只有那時才會與法相應。檢查你心中是否還有執著,如果不能立刻空掉心中的執著,就必須用方法使它們減輕。如果心牆上一定要掛畫,至少讓它們簡單,不要掛太多。隨著時間的進展,希望那些畫會愈來愈小、愈來愈少,直到只有一幅畫,也就是自我的畫像。如

果到了那個階段，我們就可以到下一步。

五、自然而生的智慧

生無生相，生照一同。

《金剛經》說：「應無所住而生其心。」人們經常誤解這句話，以為有個所謂的「心」生起。法融禪師矯正這個錯誤，指出是開悟的心生起，而不是一般或虛妄的心生起。

因為真正的佛法是不可言喻的，解釋它就會造成麻煩。因此，禪師經常有像是「生無生相」的玄妙說法。人們聽到或讀到這個，也許認為如果沒有生相，那麼就沒有心。為了糾正這個錯誤，法融禪師說：「生照一同」。

如果沒有生起的話，怎麼會有開悟？要記得，法融禪師指的是開悟的心。開悟的心所生起的是自然回應眾生的智慧。因為「心」通常和「自我」聯想在一塊，我們稱這種自然回應為「照」，也就是開悟的狀態。

問：如果沒有眾生來接受照，它是不是依然存在？
答：沒有眾生時，就沒有照可言。照只存在於與他人的

關係。他人的需求得到開悟者的照的回應。如果沒有眾生，就不需要佛的智慧。如果東西不用的話，功能就不顯現。如果不點燃火柴，就見不到它發光的功能。如果一幅畫根本沒人看，那它還是畫嗎？不是，那就只是一件物品。

問：換句話說，除了透過與眾生的互動之外，任何東西都沒有內在的價值。因此，如果以畫爲例，它唯一能有的互動就是人們能看它，而且把它當成一幅畫。如果沒有人看它，那幅畫就不存在。

答：先前我提到曲線和直線，曲線代表煩惱，直線代表佛性。如果把曲線拉緊，它就變直了。這兩條線都有同樣變成曲線或直線的潛能。如果心裡沒有煩惱，就跟佛性一樣。今天有人在小參時問我：「在那種情況下，如果我打坐達到一心，我的心就不動了，那和直線一樣嗎？那不是意味著一心和無心相同呢？」

這是個嚴重的錯誤，也再度指出了依賴理智和語言的危險。煩惱的心就是在動的心，而我把它比喻成曲線。如果沒有煩惱，就無心。但要使那個比喻更精確、完美的話，應該說無心時，線就消失了。

一心和無心不同。首先，一心分爲許多層次，即使在最高的層次，依然有自我存在。如果我們要用線的比喻，則一心看起來就像直線，但更仔細分析時，就會發現，裡面存在著很細微的波動。一心依然有煩惱和執著。

問：因此「無心」意味著沒有自我的心？

答：為了避免混淆，連沒有自我的心都不該稱為「心」，而該稱為「智慧」或「照」。

問：那麼，「心」意味著什麼？

答：要視情況而定。一般的心是虛妄的、虛幻的，但〈心銘〉標題中的「心」指的是真心或無心。因此，沒有自我的心依然可以稱作心，其實卻是無心或智慧。法融禪師要我們超越妄心，實現真心。

所有這些問題都是沒有用的，尤其是在禪七中。如果你試著藉由理論的、哲學的推理為自己找路，只是一無是處，還不如回家，去啃一本好書，而那只是給妄心更多的養分。我希望我的話能幫助你修行，但如果你依賴理論去瞭解，就誤入歧途了。

沒有目標的修行

> 欲得心淨，無心用功。

禪七中的人成天修行，試著使心純淨，卻又好像無效。你們之中有人說：「我要我的心閉嘴，但它還是說個不停。」

又有人說：「我愈來愈沮喪，我現在一點信心都沒有，對自己的心毫無控制力。」其他人甚至不知道如何呼吸。還有人連自己的身體都控制不了，更別談他們的心了。真的有必要在每次打完坐就上廁所嗎？我懷疑你們所有的人膀胱都有問題。

所有這些問題都來自於心沒有定下來。如果心定下來，把它用在修行上，痛或癢就不會使你們分心，也不需要老是上廁所，你們就不會找其他事來分心，因為光是修行就夠了。你們之中有些人坐得很好，不想起身、不想要有任何事情來打攪修行，這是用你的心在修行。

坐得好是件好事，能從中得到很大的利益，但那是不夠的，那依然不是禪。用你的心來修行，裡面依然有個自我，依然有執著。其中之一就是，你喜歡那種平靜的感覺，想要它能繼續下去，因此存在著自我中心。法融禪師說，必須「心淨」，這意味著沒有執著，沒有欲望，沒有自我中心。

如果你努力用功的目的是要使自己的心純淨，那只不過是增加更多的問題。那並不是說不該用功，而是用功時心裡不該有目標。進一步說，如果你能成功地使自己的心純淨，那心就會繼續用功，但沒有執著。

禪七只剩一天了，因此只要為修行而修行，不要為智慧或其他任何東西。不要尋求丟掉煩惱和執著；相反的，把心放在修行的方法上。不要和散念搏鬥、對抗，只要不理它。

如果覺得昏沉或怠惰，要打起精神來，把氣力放在修行上。

　　人們經常花一半的時間在跟散念搏鬥，結果疲累、昏沉了，就開始做白日夢。氣力恢復時，就繼續奮鬥，以致於整個禪七都在奮鬥、睡覺，奮鬥、睡覺。

　　如果急於得到結果，就會花太多氣力，而變得疲倦；相反的，如果鬆懈的話，也不會成功。修行要像細水長流，不該像火山，這一刻沉寂，下一刻又爆發。好的修行者使用最少的氣力，但能一直不斷地維持這股氣力，將它停留在方法上。

第二次禪七

———

縱橫無照

一、修行無執

> 縱橫無照，最為微妙。

開始修行時，可以談論時間、空間，但到達智慧的彼岸時，時間或空間就都無關緊要了。禪七時，應該逐漸孤立自己：首先，與外面世界孤立；其次，與人和情境孤立；第三，與前念和後念孤立。換句話說，把心維持在當下一刻。這樣的話，時空感就會逐漸降低，直到只有心存在。以這種態度修行，一定會成功。

執著於時空會製造煩惱，但如果全心全力於修行，時空

就不再是問題。開悟之後，時空依然存在，卻不執著於它們；能幫助眾生，卻沒有在幫助眾生的念頭。因此，不執著於時空是一種大成就，只有無執，才能眞正幫助他人。在禪七時孤立自己，就是開始修行這種無執的方式。

我一再告訴你們不要求開悟，但對某些人來說，這種念頭太有誘惑力了。你的想像讓你上勾，讓你帶著這種意圖來修行。但當你試著使生活擺脫煩惱時，反而得到更多的煩惱；當你尋求開悟時，它反而避著你。

修行時最好不要有任何執著，但對凡夫來說這是不可能的。首先必須使自己和外在環境隔離，把環境縮小到自己，然後把那個也拋下。雖然這很困難，卻依然不是修行的終極目標。到頭來，時間、空間和自我必須再度存在，因爲如果沒有自我，就沒有任何東西存在，而如果沒有任何東西存在，就不可能幫助他人。徹底的解脫便是時間、空間和自我都存在，但並不是爲你而存在。在這個階段，能沒有執著地幫助他人。

在修行的第一個階段，心中還存在著時間、空間、自己和眾生。在第二個階段，時間、空間、自己和眾生都不再存在。在第三個階段，積極投入於時間、空間和他人，但不再執著於它們。

有些弟子在短時間修行之後沒有開悟，就心生挫折。也許那是我的指導方式，人們來這裡，心想有機會開悟，而我

叫他們忘掉它。如果只是癡心妄想樹梢上美味的熟蘋果,很可能會兩手空空地回家。

修行時不要注意自己的身心,如果太注意自己的身體,就會因為不舒服而分心。如果太注意自己的心,當不能控制它時就會失望。身心總是彼此相關的。當你覺得昏沉時,也許會責備自己懈怠,但那可能是身體需要休息。還有,如果心散亂的話,其實是身體造成的。然而,如果在當下努力修行,心就會變得集中,對時間、空間和自我的知覺就會降低。

如果很昏沉,就必須先睡一會兒。疼痛則是另一回事,我保證,疼痛不會傷了你或殺了你。除非你知道自己有嚴重的身體問題,否則我建議你忽視疼痛。如果無法忽視,那就忍受,用客觀的心來觀看疼痛,它就會變得清涼。如果脫離前念,停留在當下,就看不見、聽不見、感覺不到任何東西。那時,甚至不會感覺到自己的存在,更別說腿上的疼痛了,如果你不存在,疼痛又如何能存在?

二、真知就是無知

知法無知,無知知要。

　　禪不依賴語言，因此，如果只是用理智來瞭解佛法，那就根本不瞭解它。有些人研究公案或話頭，試著用理智來解決它，但任何明師都會在他們的答案中察覺到任何理智的痕跡。你能用理智來瞭解佛法的觀念和原則，但那只是一種形式上的瞭解。

　　開悟不只是從理智的知識而來，就開悟而言，自認知道其實就是無知。研究佛經的人也許認為自己知道佛法，但那就像透過望遠鏡來看世界，所看到的有限，所瞭解的也只是片面的。

　　佛法的要素在於智慧與慈悲，因此佛教徒知道自己應該慈悲，但不免受到某人或某事的攪擾，使他們忘了這個教訓。凡夫的智慧是淺薄而有限的，而要一直慈悲也是不可能的。

　　我認識一位和尚，他外表上對每個人都很好，但他對我坦白說，由於他不能表現出忿怒，只得私底下割破自己的衣服和書籍。這種狀況還不算太壞，至少他沒有傷害自己，然而，他的智慧和慈悲依然不深。

　　我們都是人，因此會生氣。要處理得比較好，就要在覺得生氣時，放鬆自己的腹部，然後告訴自己：「好的，現在可以生氣了。」生氣時腹部就會緊繃，一旦放鬆，就比較難生氣了。

　　修道進步的先決條件就是要知道自己是無知的。愈是認

為自己知道得多，煩惱也就愈多。只知道細節，卻不知道底下的原則，就會迷失在茫茫無邊的事實裡。

在釋迦牟尼佛的時代，有位婆羅門自認無所不知，而要跟佛陀辯論。他先把自己的頭和肚子用銅圈綁住，釋迦牟尼佛問他那些銅圈是做什麼用的，他就說：「我的學問太大了，必須把頭和肚子綁住，免得爆開了。」接著他向佛陀挑戰：「如果我回答不了你的問題，就當你的徒弟；如果你輸了，就拜我為師。」

佛陀說：「我沒有問題要問。」

婆羅門就說：「如果你沒有題目，我們又如何辯論？」

佛陀回答：「只要有事情可以辯論，就能用聰明的論證來反駁。但由於我沒有東西要辯論，所以你就沒辦法打敗我。反之，你有那麼多的觀念，要打敗你是很容易的。」

不瞭解佛法的人應該學習佛法的觀念和原則。但對佛法只有知性理解的人，我也鼓勵他們來修行。對於那些修道成功的人，沒有佛法這回事。他們也許會談論它，但那只是為了回應那些不懂的人。

有一次孔子遇到一位惡名昭彰的盜匪，他有九千個徒眾。孔子想要透過講道理來改變他，但不管孔子說什麼，那個盜匪總是拒絕接受。這個故事的要點就是：「沉默比語言好」。即使孔子也有限制，到頭來最好是無言。

在修習佛法時，應該培養信心，試著不要對每件事情都

分析，或不停地揣測。不要問那麼多問題，只管修行。用知識所瞭解的東西，都不是真正的瞭解。我在日本參禪時，已經得到博士學位了，禪師知道這一點，因此特別喜歡責罵我。

喜歡閱讀佛教文獻的人，經常試著在文字和自己的經驗之間尋求相關的地方。有些人轉向書籍尋找指引，而不是去找合格的老師，他們還是會無知的。這說明了法融禪師的說法：「知法無知。」

「無知知要」讓我想到一個故事。有個老闆需要一個助理，有十個人來應徵，而他們的筆試都考得很好。面試時，所有人都誇耀自己所知道的，只有最後一位說他什麼都不知道，但如果有任何困難的話，他很願意學習、請教，跟老闆商量，結果就只有他被錄取了。同樣地，來參加禪七最好不要帶著先前任何知識。就彷彿沒有過去一般，從頭開始。自認什麼都知道的人無法進步；相反的，有些人則是大智若愚。如果你的胃無限大，就沒有需要吃東西，因為沒有東西會在你的胃之外。

真知無知。擁有真正的智慧時，才真正知道，知識是有限的，而智慧是無限的。有位女士從加州打電話給我，說要來參加我的禪七。她說讀過我的一些書，而且都符合她所知道的。這個人認為她知道，其實並不知道，如果她認為自己不知道，而有心學習，那就具有修行的正確心態。最大的錯

誤就是以充滿了過去的經驗和知識的眼光來看待佛法。

　　不知道，才能開始知道。一張白紙可以用在任何方面，但如果上面已經塗塗抹抹，就沒有多大用處。我們要像白紙一樣，要做到這一點，就必須把自己和前念隔開，而停留在當下這一念。

　　這次參加禪七的人之中，有位女學員下意識地尋求某樣東西，好把自己清理得像白板一樣。白板上已經有先前書寫的痕跡，就好像即使最清明的心中都還會有散亂的念頭，要像白板一樣，就必須努力用功、徹底修行。

　　當念頭升起時，只要說：「我不認識你。」參公案或話頭時，不要思考或揣測。有人參話頭只參了兩個小時就來找我，告訴我說他知道「無」就是佛性。我問他是怎麼知道的，他說佛陀的教訓是這麼說的。然而，因為他覺得自己並沒有改變，而覺得困惑。我告訴他說，如果開悟來得那麼容易，而且是以那種方式，那只可能是笑話。我告訴他把那個答案留在考試時用，而不是在禪七。

　　修行到無知的境界時，不知道自己在吃什麼、走向哪裡，但會感覺到輕安，修行就會得力。在這個階段，就能真正地參話頭。如果能用這種心態來進行，大疑情很快會升起，而就會得利。但如果腦袋裡充滿了知識和經驗，那麼修行公案或話頭是浪費時間。我的禪師很有理由責罵我，因為我的心裡充滿了太多的知識。

三、靜心的程度

將心守靜，猶未離病。

這兩句詩偈爲認眞的修行者提出了重要的提醒：打坐可能導致禪病。這次參加禪七的人之中，有一位處在愉快的夢境中有三天之久，但她認爲自己的心是清楚的。這其實是幻境、是病。表面上她的心似乎是平靜的，其實是在動。她並不是在用功，而像是在渡假或睡覺。這對剛開始的修行者來說是愉快的經驗，但對有意進入禪定的人來說卻是障礙，因爲她可能變得執著於這種經驗，而習慣性地想要重新得到它。如果這樣的話，就很難進步。

在一次禪七中，有人一直在扳手指，我問他爲什麼，他說因爲沒有其他事做。他的行動和言語顯示出散亂、沒有紀律的心，他覺得厭煩。這次禪七中，我也聽到有人在扳手指，看到有人在抓癢、伸腰、動來動去，聽到有人在歎氣，這些都是在告訴我，你心裡厭煩，彷彿無事可做。要訓練自己提起正念，並留意自己的方法。

靜有三個層次。第一個層次是外在的：遠離分心的環境。最讓人分心的噪音就是有人走動、哭笑、移動，這些比外在那些偶爾的噪音更打擾人。最安靜的修行方式就是一個人，其次就是和一群安靜的人一起參加禪七。因此，禪七中

禁語。如果有人哭笑或走動，就必須處理，但那應該不會經常發生。

第二個靜的層次，就是來自外在環境的噪音變得無關緊要。由於非常專注於方法，以致沒有聽到外界的聲音，即使聽到了，也不造成問題。這樣的心依然是動的，卻是在方法上。這也算是一個好的層次。

第三個靜的層次就是心似乎不動，一切都靜止。開始禪七時，應該可以達到第一個層次的靜。隨著你的進步，應該可以達到第二個層次，沒有噪音能干擾你。我相信你們現在至少有一次體驗到第二個層次的靜。有些人可能已經達到第三個層次的靜，那很好。然而，這不是開悟，甚至連禪定也稱不上。

不要執著於任何層次。在第二個層次的靜，可能會看到佛菩薩或淨土的境界。如果太強烈執著於這些，可能會陷入心的魔境。

執著於第三個層次的靜，就是在「黑山鬼窟裡打坐」。即使覺得像是解脫，其實是在斬斷體驗智慧的機會，有些人甚至認為自己進入了涅槃。這就像吃美食一樣，上癮了。每次打坐，就會努力去到那個靜處，去到之後，就不願意離開；沒到的話，就會覺得煩惱。這會變成嚴重的障礙。

使用話頭、公案或默照（日本禪宗所謂的「只管打坐」）這類方法，能讓人避免執著於第二或第三個層次的靜。如果

已經達到了第三個層次的靜，用功於話頭或公案應該會升起疑情，而疑情會變成大疑團，最後當疑團消解時，就能看到自己的本性。

公案和話頭是積極的方法，來打破和超越靜。如果說在那之外是寧靜，這種說法是錯的；但如果說它不是寧靜，也是錯的。在那之外是禪的境界。

另一方面，默照不是像公案或話頭那麼強力的方法。「默」意味著心不執著於任何東西；「照」意味著心清清楚楚察覺所發生的一切──色、聲以及它自己的狀況。這個「照」與純粹的寧靜之不同，在於開悟的心對正在發生的一切都清清楚楚、明明白白。

這種沉默的知覺不限於打坐，在拜佛、經行或日常生活中也能發生。當拜佛時，能達到身體自動在動作，而心是靜的這種境界；在經行時，能達到心是清楚的，而身體自動在動作這種境界。這並不是純粹的寧靜。禪能靜能動，運用靜和覺知就像使用兩腳前進，而不是用單腳跳。

四、大死一番

生死忘懷，即是本性。

這兩句詩偈對禪修者尤其重要。有位打禪七的人告訴我，他準備在禪中心永遠待下去。我說：「那麼你就得在這次禪七決心粉身碎骨，把生死置之度外。」有人打禪七時心裡有很多憂慮，我告訴他把這一切全都攤在一邊，因為沒什麼好擔心的。另外有人抱怨腿痛，我告訴他說，愈痛愈好。又有人覺得身體發熱，也有人覺得胃有毛病。

每個人的情形都不一樣，需要個別的調整和指導。留意主七者❶的判斷：如果我告訴你不要擔心特定的疼痛，那就不要擔心。相反的，如果我叫你不要太用功，那就放輕鬆一點。

傳說釋迦牟尼佛打坐了六年，竟然有麥草從他的皮膚和骨頭中長出來。六年的密集打坐並沒有傷到他的腳，他在徹悟之後還能在印度各地行腳將近五十年，弘揚佛法。因此，不要太擔心腿痛，非得抹什麼藥膏或油。把心放在修行上。

禪七時準備經歷「大死一番」。活著的時候運用身體好好修行，不要擔心生死的事。誰又知道什麼時候會死？

有人對我說：「我死了就不能修行了。我還沒開悟，好好照顧身體以便用它好好修行，這不是有智慧的方式嗎？」這是錯誤的態度，太執著於身體的重要。佛法提到五種邪見，其中最有害的就是執著於自己的身體。這是在修行中最

❶ 主持禪七之人，亦稱主七和尚。主七者須開示，並針對禪眾的修行狀況予以指導。

困難的障礙。

對大多數人來說，生死指的是肉體，但高明的修行者瞭解每個念頭也有生死；在每一秒鐘，念頭升起、消失。充分瞭解這個的人，不害怕念頭，也不執著於念頭。但我懷疑我們當中有任何人已經到達那個境界。我們以肉體的方式來思考死亡，而恐懼死亡。我們不知道接下來會發生什麼，任何解釋都無法充分說服或安慰我們。怕死的人對佛法沒有深切的信念——佛法說，雖然肉體死了，但生死仍會繼續。

有些年紀比較大的人來問我有關打禪七的事，希望我能保證，如果他們參加禪七，就能開悟。似乎如果不保證他們能在死之前成佛，他們就不願意用功。這種態度是不對的。

我們是為了修行而修行，不是為了開悟。如果在開悟之前就死了，修行依然是有益的，而且會使我們有所不同。

相反的態度也不對，也就是說，反正將來還有機會修行，現在就不必那麼急。有些人寧願這輩子享樂，下輩子再開始用功，但他們不知道下輩子會遇到什麼因緣。我們有幸在這輩子遭逢佛法，就該利用我們的善業來穩固和佛法的關係，那樣子就不用擔心下輩子會錯失親聞佛法的機會。如果讓機會溜掉，又怎能擔保下輩子會遭逢相同的因緣？

佛教有個說法：能夠生而為人，而且聽聞佛法，這種機會非常稀有，就像烏龜在大海中探頭出來時正好穿過一塊浮木中的洞一般。如果我們有那麼稀有的善業，就應該好好利

用這個機會。不要罣慮這輩子能不能開悟。生有何歡，死有何懼，活著的時候，應該善用自己的身體和心智。

佛法提到兩種生死：第一種是每個肉體生命的「分段生死」；第二種是「變異生死」❷，也就是隨著無明和煩惱的消逝，而智慧和功德生起。菩薩在往徹悟之道前進時，體驗到變異生死。身為修行者，我們的痛苦是分段生死經驗的一部分。能把對身體的罣礙擺在一邊，就能真正進步。最終能完全解決分段生死的問題，而達到變異生死，再進一步就能見到自己的本性，成聖成佛。

愈執著於生命，就愈恐懼死亡，這樣會永遠陷於生死輪迴。但是如果能超越生死的問題，就能超越輪迴，達到變異生死。

由於萬法唯心造，你所思想、所執著的都會影響到來生。因此，態度和傾向極為重要。如果行事一意孤行，還有負面的傾向，很可能會導致壞的結果。相反的，如果是為了修行而修行，極有可能下輩子遭逢佛法，修行也會很自然、容易。

修行要成功有三個重要的條件：第一就是對佛法有信心，對自己有信心；第二就是用功修行；第三就是要有決心。放下對生死的罣礙，為了修行，粉身碎骨在所不惜。

---

❷「分段生死」是三界內凡夫的生死輪迴流轉，有身分形段可見；「變易生死」是三界外聖者的生死，已無生死輪迴的身分形段，只有心念上的生滅不停，是精神上的生死。

　　我要加上第四個條件，就是發大願。發大願就是：「即使我不能馬上忘卻生死，但發願最終要忘卻生死，而且要讓這種大願不斷把自己推向那個目標。」

　　每次打坐時，發願不罣礙自己身體的問題，不罣礙生死。這並不是說要你去死，而是要放下對身體的執著，不要僵硬、太貪求，而是要維持放鬆的身心。心放鬆時，就會平穩，修行也就平順。緊張只是製造更多的煩惱。

　　如果不罣礙生死，也就不罣礙時間。不要急著要聽到引磬聲好結束打坐，不要想坐得多好或多差，只要注意修行的方法。

五、開悟心非纏非解

至理無詮，非解非纏。

　　這兩句詩偈說的是，身為最高原則的佛法是不能用文字和觀念來說明的。用功於話頭、不再覺得打坐會痛、自發地回應體驗，這些都是來自密集修行的例證。這些都是有用的體驗，而且可以作為修行的基礎。有了這些體驗之後，就很難放棄修行。如果沒有這些體驗，只會記得痛苦，可能就會放棄修行。在尋求最高原則時，這些體驗可以是有用的，但

並不是開悟的徵兆。這些現象是可以解釋的，但最高原則，也就是開悟，是無法解釋的。達到最高原則時，就會知道沒有事情發生。其實，事情確實改變、發生，但談論它們是沒有用的。當體驗到開悟時，就會瞭解這一點。

通常我們說心被煩惱束縛，了悟最高原則後就得到解脫。但「非解非纏」說的是：開悟的心既不覺得束縛，也不覺得解脫。許多人在禪七結束時覺得幸福。你也許會覺得放鬆、安詳，那是因為你的心是輕安的。這很好，但不是開悟。「輕」意味著身體覺得沒有重量，沒有負擔；「安」意味著享受到無夢的安眠，這些都是心安最基本的好處。然而，如果不繼續修行，就會退轉，身體會再度覺得沉重，也會再作夢。

靈通應物，常在目前。

最高的佛法是無法解釋的，也不需要解釋。這個層次的人既不被這個世界所束縛，也不從這個世界解脫，但也不脫離世界。他們依然能回應別人的需求，而且很自然、自發地幫助他人。開悟的人不必去推理或思慮，因為智慧與慈悲從內在自然升起。

這種人並不計畫，但一直在忙碌。菩薩幫助眾生，眾生也幫助菩薩，沒有眾生，菩薩就沒有修行的理由。在釋迦牟

尼佛的時代，有一位善妒的弟子名叫提婆達多，他在過去生時發誓，在無數的來生要為佛陀製造障礙，但這麼做卻適得其反，反而幫助了釋迦牟尼成佛。提婆達多的業果使他墮入地獄界，但他並沒有受苦。事實上，傳說他快樂地坐在地獄裡，而且天人都沒有他那樣快樂。提婆達多不怕受苦，其實他是在修行菩薩道。《法華經》說，提婆達多終將成佛。

　　有些修行人也許有目標要成佛，或至少要超脫輪迴，但禪修者不該如此，禪修者是為了眾生而修道。成佛之後，沒有眾生要濟度，但濟度依然發生。禪修者時時刻刻都該看淡自己，不要太看重自己的所作所為。

　　如果不能放下自我，不管多認真修行，總是會被自己的執著所束縛，而無法解脫。如果能減輕自己的執著和自私，只是修行，即使沒有開悟，至少煩惱會少得多。

第三次禪七

———

目前無物

一、當下只有方法存在

目前無物，無物宛然。

執著於經驗會妨礙修行，在意於環境會使人離開方法，專注於方法上就會視而不見、聽而不聞，就像法融禪師所說的：「目前無物」。

今天有人打瞌睡，我走到他身旁，他馬上驚醒，恢復注意力，我確定他知道自己修行得不好，並且努力重新來過。如果他的心集中的話，就不會發現到我，即使發現，也不會注意。這一點也不神奇，在日常生活中，當你專心讀書或談

話時，就不會留意到其他事。修行時也是如此。

如果心散亂，即使最輕微的干擾也會使你分心。禪七開始時，我要人與環境隔離，如果全心全意這麼做的話，即使有人湊到耳邊輕聲細語，也聽不見。

干擾也來自心中，因此，我也要你與過去的念頭隔離，因為那已經不再存在了；也要與未來的念頭隔離，因為那也不存在。最重要的是，當下只有方法存在。

你們當中有些人告訴我，噪音不會打擾到修行，他們對環境清清楚楚，卻不為所動。這是好的。如果有人到了方法消失的境界，只剩下沉靜澄明，那也是好現象。修只管打坐和默照的人，對這一點都很熟悉。

開始修行時，心是散亂的，受環境干擾，一旦達到集中的階段，就不再覺察到影像或聲音。當心沉靜到方法消失時，又會覺察到環境，卻沒有分別、執著。然而，這還不是開悟，只是統一心。

開悟的境界超越了統一心，這時萬事萬物又恢復正常，回到本來面貌。配偶依然是配偶，火依然是燙的，冰依然是冷的，但不執著於自己的分別。

這裡有一個真實的故事。某個道場中有位修行者自認境界很高，就把大便放在盤子裡，坐在桌邊準備跟其他人一塊吃飯。他想要表示，對他來說大便和食物是完全一樣的，他已經超越了分別心。但那位住持並不習慣吃屎，也從沒聽說

佛陀這麼做過，就把那個修行人逐出道場。

開悟的人遵守常規，而不執著或被干擾。佛陀開悟之後過的是出家人的生活，也要弟子同樣這麼做，但他依然把耶輸陀羅當成先前的妻子，把羅睺羅當成兒子。對徹悟的人來說，關係依然存在，但不會體驗到貪、瞋、執著或其他煩惱。

對修行深入和徹底的人來說，「目前無物」是眞實的。深入修行的人不會察覺到環境，因此不受環境干擾。反之，開悟的人清楚察覺到環境，予以回應，卻不受干擾。

隔離孤立自己與其說是一種方法，不如說是一種態度。不管用的是什麼方法，都可以用上孤立的態度，但不能強迫自己不受環境干擾，因爲那是適當修行的結果。

開悟沒有特色

不勞智鑒，體自虛玄。

沒有一定程度的瞭解和知識，人就不能生活，因此人們依賴知識和經驗，但開悟的修行人不倚賴知識或理解，而是倚賴智慧。這兩句詩偈說，知識是沒有用的，同時，智慧也是沒有用的。這聽來也許令人震驚，雖然法融禪師是以智慧之心來寫〈心銘〉，但我們只能以知識之心來讀。修行者必

須使用知識之心，但開悟之後就用智慧了。要瞭解如何修行、採取什麼方向、邁向什麼目標，知識是必要的。然而在修行中，注意知識會是障礙，浪費時間。而且，把打坐、修行和其他經驗比較，只會製造障礙。再者，你不可能想像自己何時開悟、如何開悟，因此揣測是無濟於事的。而一旦開悟，會發覺不可能去解釋它，使用智慧來解釋自己的經驗也是無濟於事的。

有位居士要兒子禪修，希望他能開悟。兒子問開悟有什麼好處，父親說，開悟會讓他知道所有的事。兒子說：「我上學上得很辛苦，如果開悟的話，會不會瞭解上課的內容？」父親告訴他，他會什麼都知道，甚至會比愛因斯坦還聰明。這個年輕人聽到這些，就決心為開悟而用功。

開悟會不會讓你無所不知？其實，開悟和知識或才智完全無關。在釋迦牟尼佛的時代，有很多弟子成為阿羅漢。其他人要這些開悟的人充分解釋佛法，但這些阿羅漢只會一些沒人真正瞭解的怪說法。那沒關係，因為其實阿羅漢說什麼都是多餘的。

開悟沒什麼好說的，但我在這裡還是在說它。也許你心想：「我想我快開悟了。我好像朝向什麼東西，再不多久就可以了。」抱持這種念頭的話就錯了。

有位修行人第一次跟我打禪七時做出了許多驚人之舉，我要他離開，因為他干擾到其他人。他又申請參加另一次禪

七，我要他先答應控制自己，才接受他。到了第五天，他自認體驗到開悟，要求見我，但我那時在外面花園裡。他走向總護❶，打了他一耳光，然後到我跟前說：「師父，我現在可以走了，我開悟了。」我要他留下來，因為他那種狀況不適合回到正常生活。他得到的只是一種強烈的情感經驗，卻把它解釋為開悟，這些都是依賴知識、想像來引導修行可能遭遇的危險。

開悟肯定是可能的，否則整個佛教就是彌天大謊。但如果自認開悟，卻還執著於觀念和情感，那就不是真正開悟。開悟存在，智慧也存在，但試著用智慧來探究開悟的經驗時，就會發現沒有開悟這回事。你不能說沒有智慧或成就，但開悟的人知道，開悟和智慧並沒有真實的存在。

《心經》中說：「無智亦無得」，幾句之後似乎自相矛盾，說「得阿耨多羅三藐三菩提」。這看來奇怪，但說的是不同的態度——一個是有所求，另一個是無所求。

「體自虛玄」中的「體」指的是開悟和智慧，而「虛」指的是開悟沒有特色：不能說它是這或那，任何描述都會限制開悟的「體」。為什麼是「玄」呢？因為「體」不是能聽到、看到或摸到的東西，但同時聽到、看到和摸到的每件東西都是那個「體」。粗略的比喻就是我們和空氣的關係：雖

---

❶總護：禪七時，帶領並照顧禪眾的身心與環境的總負責人。

然我們看不見、聽不見、抓不到空氣，卻生活在空氣中。

這兩句詩偈肯定了智慧和開悟是存在的，但我們不能執著於它們，也不該尋求它們。我們不該有「開悟和智慧是達得到的」這種念頭。如果應該從修行中尋求任何東西的話，那應該就是讓自己的生活過得更好、更有活力、更清清楚楚、與自己安詳自在地相處，這才是要努力達到的真正、具體的目標。把目標放在開悟是有勇無謀的，甚至在還沒開始之前就輸了。人們告訴我，他們修行是為了開悟；雖然他們來打禪七、修習佛法，但生活卻是一團糟。他們說自己依然失控，分不清輕重緩急，修行態度需要調整。其實只要改變態度，加上適當的修行和指導，他們的生活就會變得愈來愈清楚、純淨。

如果瞭解世上沒有一樣東西真正存在，包括開悟在內，那還有什麼放不下的呢？這也許聽來容易，但邁向這個更高層次需要很大的努力。成果並不重要，重要的是努力。如果修行人有這樣的動力和決心要開悟，他們的生活就會過得很勤奮、純淨，而且會知足。

今天有人問，能不能用觀心的方法。但你觀的是什麼心——散亂心或清淨心？人總是以散亂心開始，所以有一些方法來觀看散亂心中念頭的來來去去。另一方面，如果要直接觀看自己的清淨心，那麼清淨心和散亂心之間並沒有差別，但如果觀這個心的話，就要知道觀的不是自己的清淨心。

我們能觀看並且分析混亂心，也能這樣看待統一心，但開悟心不能用知識來觀看或檢驗。我們可以說，清淨心和無心是一樣的，但又如何觀看無心呢？

二、方法是不是離開了你？

念起念滅，前後無別。

〈心銘〉說：「念起念滅。」這是從凡夫散亂心的觀點來說的。因此，這是我們必須有的起點，以平常的散亂心為起點。在平常的心中，新念頭一再出現，川流不息。在我們所謂的「定境」中，念頭之流止息，但定力消退時，川流不息的念頭就又來了。想要使思想停止，或至少使它慢下來，我們要用一個念頭來觀照其他的念頭，用特意挑選的念頭來觀照連續起滅的念頭。要點就是要清清楚楚地瞭解念頭的起滅。如果我們覺知而且運用意志力，散念就比較沒有機會把我們扯離方法。

譬如在數息時，三個念頭循環發生：自我的念頭，自我在數的念頭，數字的念頭。要適當地用上方法，至少這三個念頭必須相繼發生。當不斷把這三個念頭像鍊子般連接在一塊時，其他念頭就沒有空插入你的覺知之流。如果心中只有

這三個念頭，就不會有時間感或空間感，呼吸就會平順，身體就會覺得輕鬆。在這種情況下，終會進入定境，那時甚至連數數都停止。

達到這種連貫不斷的覺知之鍊，是所有打坐方法的目標，並不只限於數息。問題是，我們大都無法持久。譬如昏沉會使這個鍊子斷掉，就像漂浮在空中的碎片，甚至完全消失。

三、使散亂心集中

後念不生，前念自絕。

這兩句詩偈說的是念頭的生滅，前念與後念沒有差別，但也有更深一層的意思。在開悟的心中，念頭也會起伏，但沒有分別，沒有執著於一個念頭、厭惡另一個念頭，而是以平等心來體驗所有的念頭。女人是女人，男人是男人，金子是金子，石頭是石頭。念頭就如實存在，沒有引發相隨的情緒；這讓開悟心能直接、平等對待所有的前念與後念。

覺知到一個念頭，是因為新的念頭生起而取代了它。連續不斷的後念使人知覺到前念。如果你在數息，而心停留在「一」的念頭上不動，那麼就沒有任何觀念；你不會知道任

何念頭，包括數字「一」這個念頭。另一方面，如果同一個
數字的念頭一再生起而且取代自己，那麼對數字的覺知就會
繼續。

這種情況適用於任何念頭。如果心停留在一個念頭上，
就不會覺知到那個念頭。譬如想要殺生是錯誤的，但如果心
停留在殺的念頭上，而沒有東西隨之而來，那麼殺的念頭就
失去了意義。因此，如果一個念頭生起，而沒有其他念頭隨
之而來，那麼第一個念頭就會消失。

修行的方法目的在於收攝散亂心，使它統一。修行正
確、得力時，三個念頭──自我、數數的自我、數字──維
持於不斷的循環。到頭來方法會離你而去，而不是你離方法
而去，換句話說，你不該有意離開方法。

如果方法自然、自動地離開，那是好事，意味著這三個
念頭已經縮減到一個念頭，也就是自我的念頭。在這種狀態
中，不再覺知到數字、呼吸或方法。即使覺知到呼吸，也無
法數息。方法沒有離開你，而是達到了它的目的，也就是使
你的心到達一念：覺知自己。其實，你依然是在方法上，而
你的心清淨、平靜、安寧，絕不空白。

有些修行人聽我說方法消失，而他們自認已經到了那個
階段，因而停止使用方法。我問他們，是方法離開了他們，
還是他們離開了方法？這兩者有很大的區別。如果你丟下了
方法，我奉勸你重拾方法。如果方法丟下了你，其實它並沒

丟棄你而去，還是在那裡，因此沒有什麼要重拾的。

這兩句詩偈描述的是開悟，但未必是禪定。淺定時依然存在著微細的念頭，以及幸福快樂的感覺。在深定中，心自自然然停留在一個念頭上；前念不需要自己分離。開悟和禪定之不同，在於沒有執著或厭惡任何特定的念頭，因此沒有需要讓一個念頭接續另一個念頭。

這裡有個比喻：猴子爬樹時，經常是用三肢來支撐身體，伸出第四肢去爬，而在第四肢移動時，其他三肢很快就跟著移動。如果猴子無心再爬，第四肢就停止，其他三肢也就休息了，任何肢體都沒有後續動作。同樣的，如果心不期待下一個念頭，那麼前念和執著自然就會消失。

有人告訴我，需要好方法來與煩惱奮戰，其實並不需要與煩惱奮戰。如果打坐時察覺到煩惱，就只要回到方法上。一察覺到煩惱，煩惱就開始失去力道。譬如一知道自己在生氣，那種情緒通常就會消退。念頭、情緒和感情之所以持續，是因為後念取代前念。如果忿怒持續的話，那是因為執著於那個忿怒，因而產生了忿怒的後念。當真正、清楚覺知到忿怒時，它就會消失。

煩惱生起時，不要跟它掙扎，也不要隨著它跑，最好的方法是只管讓它去。如果你被誘惑要偷東西，而心想：「我知道那是錯的，但我好奇偷東西是怎麼一回事，讓我試試看，其他的將來再擔心。」這就是隨著煩惱跑。這些念頭會

繼續一段時間，因為你執著於煩惱。如果執著很強的話，最後可能會照著念頭去做。相反的，如果不執著於偷竊的念頭，那個念頭就會離開。

無思，無心，等同開悟

三世無物，無心無佛。

佛法說沒有過去、現在、未來，也無煩惱、無心、無悟、無佛。中文裡把過去、現在、未來說成是「三世」，就字面上來說是「三個世界」。這個詞也指過去、現在和未來的生命，但這並不是法融禪師所說的，其實他指的是過去、現在和未來的念頭。如果前念消失，下一念還未生起，那正是無念或無心，如果無念，也就無煩惱、無悟、無佛。當煩惱或尋求開悟時，就會產生念頭。當沒有念頭時，也就無心，而那就是開悟。

但我們還是談開悟、成佛，如果不談的話，就沒有人會受到激勵，想去修行。那就是為什麼我鼓勵每個人都要成佛。對我們來說，開悟是存在的，是要努力的目標；但對開悟的人來說，沒有開悟這回事。〈心銘〉是從開悟的狀態來說的，但當我們修行時，我們的觀點並非如此。

對一些人來說，這些觀念也許很抽象。你們在這裡跟昏

沉和散亂心奮鬥，而我在談沒有過去、現在或未來。昏沉是
會過去的，而散亂心停留在過去和未來，從來不是現在。如
果用一條線來代表時間，一頭是過去，另一頭是未來，那麼
要把現在擺哪裡？其實，在這條線上是不能孤立出現在的。
只要看著現在，就已過了。如果看一個時刻就要到來，那
依然是在未來。過去已經過去了，未來還沒到，兩者都不存
在。唯一存在的就是現在，但又無法指出它。如果我們把當
下限制在最小的時間範圍，它就會消失無形。從這種不存在
的當下的觀點來說，只有過去和未來存在。因此我們說，現
在既存在於過去與未來，也不真正存在。

　　我所說的是現在、過去與未來的連續。當你說背痛的時
候，那已經是過去了，而你預期未來的疼痛。但如果疼痛是
在過去和未來，又何必為它煩惱？當然，這種事情說比做來
得容易。我們依然察覺到疼痛，而它似乎就是在現在。用功
於這種瞭解就是修行。那是面對疼痛或任何其他事的一種方
法。

　　不管有任何煩惱，就用這個方法：清楚地把事情看成是
在過去、現在和未來，然後看待過去和未來是不存在的，但
如果那裡無物的話，怎麼會有煩惱？一般人很難脫離疼痛和
煩惱，但我從來沒說過修行是容易的，可是也不複雜；你不
必觀照每個煩惱，以「過去、現在、未來」來檢驗它，只要
停留在方法上。當心完全、平順地停留在方法上時，它終將

自己消失。也許你看起來不在修行，其實這才是真正的修
行。

我戴這副眼鏡已經很多年了，有時沒有察覺到它在我臉
上。有些醫師說，身體健康的徵兆就是覺得輕鬆。當身體覺
得沉重時，那可能是有毛病的徵兆。修行也一樣。如果方法
平順、心放鬆的話，就像無事可做、無事可得、無事可失。
修行的最佳狀態就是：放鬆輕安，沒有期待。

人們來打禪七希望能得到什麼或擺脫什麼。他們希望身
體能奇蹟式的改善，解決長期的問題，或擺脫煩惱。許多人
確實有些收穫，但他們的態度卻是錯誤的。他們帶著沉重的
身心而來，同樣帶著沉重的身心而去。除非有真正的健康問
題，否則禪七期間不要關注自己的身體。不要關注禪七之前
發生了什麼，禪七之後會發生什麼。以最愉快、最踏實的方
式，把心放在當下。這就是修行而不運用心，當修行而不運
用心時，就沒有成佛的念頭，就只是修行。

四、由毛毛蟲到佛陀

眾生無心，依無心出。

佛心和眾生心是一般無二的，否則眾生就不可能成佛。

智慧心可稱爲清淨心或佛心，瞭解並接受這個原則是修禪的第一步。這可建立對自己和佛法的信心；當我們把煩惱化爲佛心時，這也能建立對修行的信心。

在正確的情況下，光會反射空氣中的灰塵，這樣就看得見太陽的光線。如果空氣中沒有灰塵，就會看見陽光和所照射的東西，但看不到兩者之間的光線。我們認爲自己看見陽光，但眞正看到的是灰塵；心也是一樣。當我們觀心時，看到的是煩惱的移動。你認爲：「我看到我的心在動」，其實只是看到自己的煩惱。這是不是意味著沒有心？那好比說，如果沒看到光線，陽光就不存在。其實，不管有沒有灰塵反射陽光，陽光依然存在。同樣的，沒有煩惱時，看不見心的作用，但心依然在發揮作用。你不能說清淨心存在，因爲煩惱心無法觀察到它。你也不能說它不存在，因爲諸佛開悟了，而且依然有心在發揮作用。

因此，佛心和眾生心的差別在於佛心沒有煩惱。然而，我們必須用煩惱心來使我們的心擺脫煩惱，因此我們把散亂心收攝成集中心，把它變爲一心，最後從一心進入無心。一旦達到了無心，佛心就現前，就沒有修行可言。

雖然修行時必須運用我們的心，但如果我們記得並執著於好的經驗，就會攀緣於煩惱心。這種期盼會製造更多的問題。因此，不管已往的好經驗是多麼的愉快、深刻或有用，最好還是放下。執著並想要重複這些經驗，就會落入老套。

這是成功修行的大礙。

如果有好幾次同樣愉快的經驗，很可能就會注意到熟悉的徵兆，告訴你快要有另一次好經驗，於是就開始期盼。這種方式會變成習慣：修行就變成了平順、愉快的感覺，也就停止進步了。我並不是說應該避免好的經驗，但那也會成為障礙，因此不該有意地渴望或避免任何打坐經驗。只要知道你體驗到好的或不好的事，而你並不擁有它。這種覺知會提醒你任何經驗既不是休息站，也不是目的地，而你應該只是繼續修行。

有些人參加了幾次禪七之後容易落入這種老套。他們認真修行，有好的體驗，然後就停滯不前。禪七變成了熟悉的事，而重複這些愉快的插曲就變成了他們的目標。他們開始認為沒什麼好繼續修行的了，而停止繼續前進。這種態度顯示他們誤解了佛法，也暗示他們在禪七與禪七間不太修行。他們喜歡斷斷續續的修行——禪七時用功，在日常生活中追尋其他的興趣。我不是說在家人應該像出家人那樣過日子，你儘管可以去追尋興趣、嗜好、社交生活，但不要犧牲打坐。另一個好方式就是定時閱讀佛教書籍，讓你對佛法的瞭解一直維持在新鮮、專注的狀態。

努力要重複好的經驗就是在用煩惱心，使人不可能突破自己無明的外殼，看到自己的佛性，而依然纏繞於煩惱之網中。

分別凡聖，煩惱轉盛。

我是凡夫，也教弟子這樣看待自己。我們不是聖人，我知道我「分別凡聖」，但我這麼做卻有著充分的理由。

首先，真正的聖人很少宣稱他們開悟了，即使禪宗的祖師也沒有這樣宣稱。聲稱自己是聖人，肯定他不是聖人。其次，要認清聖人並不是一件容易的事。那些聲稱自己是聖人的，往往只不過是精通了幾種讓人印象深刻的技巧的凡夫罷了。最安全的方式就是自認是凡夫，而不去煩惱要成為聖人。

用聖人的標準來評斷自己，只會造成麻煩。自認有智慧已經夠糟的了，誤導別人則更糟。另外也存在著反面的問題：看到成為聖人要花多大的代價，可能使你灰心喪志。在你四周看到的盡是一些用功的修行者，外表看來像是菩薩。你認為自己是這個好環境中的污點，像是整個草原的漂亮兔子中的一隻老鼠，於是心灰意冷，甚至可能放棄修行。其實，既不該自認是老鼠，也不該自認是很純淨漂亮、不需要再修行的兔子。只要把自己視為平常的修行者。

修行的重點應該放在過程，而不是結果。有目標是好的，但在修行時，就要把目標放在一旁，只管修行。修行就像旅行：你和其他旅人來到同一座機場展開旅程。每個航班都有自己的起飛時間、目的地和抵達時間。你買自己的機

票，坐上自己的位子，其他人則坐上他們的位子。一旦上路，就沒必要擔心路途或抵達的時間。你終會到達目的地，就像其他人一樣。

有一次我們從紐約飛往台灣，全程二十三個小時，停靠阿拉斯加和韓國。坐我旁邊的人抱怨：「我該搭其他航空公司的，只要十六個小時。」我說：「好，那就回紐約，搭那個航班。」他說：「不行，已經太遲了，那只會花更多的時間。」我就說：「既然如此，就不必再討論了。」

中國有句諺語說：「既來之，則安之。」換句話說，身為修行者就不要回顧。你既然已經上路了，那就繼續修行。不要拿自己跟其他人比。其他人有自己的因緣，自然會找到自己的道路，得到自己的經驗。修行時，你的因緣會改變，你的經驗也會改變。不要關心修行的結果，它們也會來去、會改變。只管當下是最好、最安全的修行方式。

有位年輕女孩認為自己很醜。母親告訴她：「不要擔心，等你十八歲時就會漂亮了。」歲月如梭，女孩在十八歲生日時照鏡子，依然不喜歡鏡中的自己。母親說：「你比小時候漂亮多了，只是你自己不曉得罷了。但是小狗長大了還是狗，小鴨子也不會變成天鵝。」這個故事的用意就是：當你修行時，會不會擔心自己的進展？如果你常常像故事中的女孩那樣看輕自己，便要記住每一刻都是新的開始，都是嶄新的起步。修行永遠都是開始，因此不要考慮時間，忘記自

己是有多年經驗的老參。毛毛蟲要變成蝴蝶，首先必須要爬、啃樹葉，有很長一段時間結成繭，急匆匆並不會使牠更快變成蝴蝶。我們就像毛毛蟲一樣，必須花時間自然去成熟。我一再說，不要尋求成功或懼怕失敗，只管修行。如果你在這次禪七能用功修行，那已經是成功了。

在波濤中進步

計較乖常，求真背正。

「計較」意味著比較和分別，像是把自己跟別人比較、把自己的現在跟自己的過去或想像的未來比較、把好與壞拿來比較。在如此分別時，就離開了正道。人們經常為了小事計較，但任何計較都是障礙。只要有一個念頭不能放下，就依然是障礙。你心裡想的都會改變，而真正的原則不會改變。

修行中的進步並不是穩定或直線的，比較像是波浪，有起有伏。也許一天修行得很好，第二天卻很糟，反之亦然。甚至從一枝香到另一枝香，從一刻到另一刻都可能改變。如果總是把事情看得愈來愈糟，就是有比較之心，會為自己製造麻煩，可能會變成失望，可能對自己、修行與佛法都失去信心。就修行而言，比較和分別只會製造問題。

　　修行受到很多因素的影響，包括自己的身體狀況，你可能是在兜圈子，但自己並不是每次都能控制、甚至知道這些圈子。看起來是退步，其實可能只是生理作用一時低落。低潮時，可能只看到負面，好像沒什麼指望。但如果從長遠的眼光來看，就會看到多年來有上下起伏、像波浪般的進步。我曾問一位年輕的女修行者修行情況如何。

　　她回答說：「糟透了，不可能再糟了。」

　　我說：「那麼就只可能變得更好。恭喜你！」

　　能察覺到進步其實具有起起伏伏的性質是很重要的。因為經過許多不同的心境，忍受兜圈子是需要決心的。只要認真持續修行，就不必把今天跟過去或想像的未來比較。只要量力而為，不要執著。修行就像涓涓細流一般，要細水長流，而不是像洪水，突然湧現，釀成巨災，然後消失不見，那不是運用精力的好方式。

　　有些人一輩子修一個特定的法門，從來沒看到什麼顯著的結果或進步。他們是不是浪費時間呢？當然不是。認真修行而沒看到明顯結果，其實努力並沒有白費。即使沒有開悟就死了，也已經為下輩子種下了善根。修行應該像刷牙一樣，變成每天一定要做的事，不要擔心這樣做會有什麼好處。不管你有沒有注意到，都會蒙受很大的利益。

　　有個著名的公案，一位和尚問趙州禪師：「狗子有無佛性？」趙州禪師回答說：「無。」如果你把趙州的回答當成

話頭，就變成「什麼是『無』？」如果你參這個話頭，甚至直到最後一口氣，就會得到很多利益。

　　還有一則禪宗寓言是這樣的，有位和尚沒開悟，但他一輩子都在參這個話頭。和尚快死時，閻羅王派兩個小鬼來抓這個還沒開悟的和尚的心，而這位和尚即使快死了，還是在參他的話頭：「什麼是無？」因為和尚的心完全在話頭上，小鬼就沒辦法抓到它，於是回去向閻羅王稟報，閻羅王就說：「我不曉得那個問題的答案，還是放過這個和尚吧！」這個故事的要點就是，不管有沒有開悟，修行是有益的。

　　有人也許會說：「我在這邊一再數息有什麼用？」答案在於：這個方法能訓練你的心。如果你數數數丟了之後，總是能回到方法上，那麼散亂就不會控制你的心。只要修行夠好，即使並不完美，都還有一條生命線，如果稍有閃失，也能再度掌握。底下可能是萬丈深淵，但你不會掉到谷底，總還是能抓到生命線，重新爬上來。

　　也有人持咒，相信持咒有益，但轉到數息上，是因為他認為會有更好的結果。想要在另一個方法中尋求更好的結果，這是錯誤的。這山望那山高，修行也可能像這樣，也許你覺得自己還不夠成功，希望達成更高的顛峰，但只要如此分別，馬上就脫離了修行。

　　「求眞背正」說的就是尋求開悟，反而離它更遠。如果空中飄著一片羽毛，而你試著突然要抓它，就會攪亂空氣，

反而使羽毛飄得更遠。如果在修行中有所期盼，嘗試抓住某個目標，它反而會離你更遠。

五、擺脫問題本身就是問題

雙泯對治，湛然明淨。

修行中有兩種障礙：一種是試著擺脫出現的問題，另一種就是認為沒有問題。在第一種情況中，試著擺脫問題可能會造成疲勞和煩惱。記得我們先前談到的「分別凡聖，煩惱轉盛」，如果試著擺脫煩惱，那本身就是煩惱；試著要擺脫妄念，只是增加另一個妄念。

今天有人的鼻子癢，就像鼻孔裡有一根很細的羽毛般，他一直告訴自己：「不，我不要被這干擾。」他愈是這樣告訴自己，鼻子就愈癢。最後他帶著這個問題來找我，我就給他一點萬金油。然而，如果這個人能更集中於方法，而不是擔心鼻子癢的話，就不會那樣分心了。

我打坐時如果腳痛，就讓它去痛，不動來動去。過一會兒，那個痛就變成清涼的感覺。只要我稍微一動，疼痛可能會回來，因此我只是坐著不動，繼續這樣。稍後我能移動雙腳，便不那麼痛了。以這種訓練就能坐得愈來愈久。然而，

只有具有強烈的決心和意志力的人才可能做到。腳很痛時，
如果無法轉移注意力或提起精神，只是說：「好的，我要把
注意力集中在方法上」，是沒有用的。這時，所能做的就是
把注意力集中在疼痛，而且去忍受它。

　　修行中總是會出現疼痛，不要試著擺脫它，只能接受它
或集中於方法上。這兩點只要能做到任何一點，疼痛終將自
行離去。有時疼痛來自不夠放鬆，也可能來自自己不知道的
傷。打坐時循環會改善，因此氣可能會到那些受傷的部位，
這是好現象。可能的話，最好是接受疼痛，而不是逃離。針
灸時，如果針插在相關的位置而你有所反應，很可能針的確
是插在正確的位置。然而，如果針的位置插得不對，可能就
沒有這種反應。同樣的，疼痛也許顯示打坐時發生了一些有
益的事。

　　另一個障礙就是人們自認沒有問題，其實卻有很大的問
題。這種情況發生時，修行很難有真正的進步。他們需要一
位自己信任的老師來告訴他們：「是的，你有大問題，而那
個問題在於你不認識它。」缺乏這種指引的話，這個修行人
很可能會像這樣繼續修行很長一段時間。當他修行時，沒什
麼煩惱，但在日常生活中依然有許多煩惱。其實只要察覺，
就能解決這個問題，但他可能要花很長的時間才能察覺到問
題。如果有位好老師，能指出他的問題，就會容易、快速得
多。

　　如果有妄念，只要能察覺，那就沒有問題，糟糕的是不認識它，而且心想：「今天下午打坐打得很好，想到了所有這些事情。」有妄念並不是問題，但不認識妄念就是問題了。有些打坐的人進入更微細的思惟層次，因為他們的心清楚、冷靜得多，而有些人則迷失於愉快的念頭。這些人也許沒有察覺到自己有問題。

　　台灣有一個人經常寫詩，後來失去靈感。當他晚年出家時，又開始寫詩。他師父問他：「你為什麼又開始寫詩？」那個和尚說：「師父，很感恩您教我打坐。我現在打坐時，詩就自然湧現。」如果那個和尚從打坐得到的就是這個，那麼他就有問題。

　　「澄然明淨」的意思就是：如果沒有特別的問題要處理，開悟就會現前。今天有人告訴我：「我一直在等啊！等啊！等我的心很沉寂、很安靜。如果我坐在這個沉靜中，終將達到無心嗎？」

　　我說：「這種沉靜和無心不同。但如果你繼續朝這個方向，有可能達到無心，而且有時不知不覺中就會達到。然而，無心和只是沉靜是不同的。在沉靜的境界中，你體驗到自己的心很寧靜，因此心中依然有那個念頭。無心的境界是同樣的寧靜，但其中沒有念頭。」

第四次禪七

———

不須功巧

一、如嬰兒般

不須功巧，守嬰兒行。

現在討論的這兩行詩偈有點奇怪。今天早上我談到，打禪七時就要像剛出生的嬰兒，有人就問：「如果我們是嬰兒，尿片在哪？」

剛出生的嬰兒不需要知道任何有關尿片的事，那是媽媽的事，這也適用於你們。你們所知道的一切、從前所學的一切，在這裡都不需要。修行時只要像剛出生的嬰兒那樣就好。人們也許認為，人生的目的就是不斷學習更多更多的東

西，而法融禪師這裡給我們的卻是很奇怪的忠諾。他告訴我們的不正是要學的東西嗎？是的，但一旦學到了，就該放下。

你長了多少睫毛？它就在臉上，但你很可能不知道。即使知道，那個知識有用嗎？在日常生活中，運用知識是正確的，但就修行來說，許多的知識反而分心。

如果來打禪七是想學很多的東西，那就學不到；如果認為自己已經知道很多東西，那就進步不大。理想的狀況就是要像嬰兒一樣。

有些人跟我修行了十年八載，然後問我，自己到了哪個階段？當我告訴他們還是初學者時，有些人會說：「如果我是初學者，那麼那些才剛開始的人又算什麼？」我說：「他們對自己來說是初學者，而你對自己來說也是初學者。如果你過了五十年後來問我，我還是會說你是個初學者。」明白嗎？

問：師父，您還是初學者嗎？

答：是的，我還是初學者，一直都是初學者。為什麼是初學者呢？因為我從來不學。

問：我能像嬰兒一樣，但依然具有成人的意識。

答：是的。要「像」嬰兒，但不是要真正「是」嬰兒。

你依然需要使用方法，依然讀經、聽開示。如果你真的是嬰兒，就無法做這些事或瞭解我所說的。「像」嬰兒意味著沒有對錯、善惡、進步或不進步這些念頭。因此，如果你有像是要努力成功或害怕失敗這樣的念頭時，你認為自己的下場會如何？

理查一直很認真修行，但就是覺得自己沒進步。我觀察他，發現他帶著很有決心的表情。我看他帶著那種表情一段時間之後，就想最好跟他來個小參。我把他找到小參室來，告訴他要放鬆。修行應該總是以放鬆的方式開始，不要尋求任何利益，不要尋求任何進步。如果能像那樣開始，才會進步快速。

如果在沙漠裡沒有水，唯一存活的機會就是開始挖井，一直到發現泉水為止。假定挖的那個洞裡可能有水，如果你挖得太急，可能在挖到水之前就精疲力盡。

修行有點像在沙漠裡挖井取水，找到水是很要緊的，但不能匆忙行事。

今天有人說：「我很認真嘗試，但每次試著數到十，卻總是只到五，不得不回頭從一開始數，我甚至沒有辦法超過五。」

我告訴他：「如果不數息的話，你就不會知道自己不能

數超過五。因此現在你知道自己的心有多散亂了，那是有用的。」小孩在什麼階段能數到十？（禪眾答：兩、三歲。）

我們這裡都是成年人，卻數不到十。當然你們都像嬰兒，因此那是可以瞭解的。即使如此，你們應該覺得快樂、熱切。如果你讓自己太過焦慮，數到二就會數丟了。最後你可能會說：「算了，我從前聰明，現在愚蠢，這算哪門子的修行？」

如果你覺得任何方法都無效或無法做得很好，很容易就會變得沮喪。請不要害怕失敗，就修行來說，沒有失敗這回事。

不舒服是正常的，昏沉是正常的，掉舉也是正常的。我會騙人──我告訴他們說，打禪七時三天之後腳和背就不會再痛，他們就會很集中心意。那的確是真的，因為前三天比較辛苦，到了第四天通常都適應到了某個程度，就不會有太多問題。

然而在前幾天有人經常想回家。今天有人想要回家嗎？你？還有其他人嗎？也許明天有更多人想回家，到第三天會少一些，到了第四天就沒有人要回家。

在任何情況下，都不該隨意改變方法，有情況要先問我。如果我知道你的問題，就能指引你。然而如果不告訴我你的問題，就離開了，我就幫不上忙。

開悟沒有捷徑

> 惺惺了知，見網轉彌。

我們開始修行時，和不常人一樣「見山是山，見水是水」。深入修行後，「見山不是山，見水不是水」。很專心一意修行時，就會發生這種現象，人們甚至可能認為你有點渾渾噩噩。在這個階段，甚至看到鏡中的自己都認不出來。最後開悟時，「見山又是山，見水又是水」。

開始時，我們以自己的執著和感情來看事情。情緒好時，看到的山水都是美麗的，但情緒不好時，事情就變了。有一次我和一些人爬山，開始時每個人都興高采烈：「看這座山好美！在城裡看不見這樣的景色。」過了大約三個小時，有些人的心情開始變了，美麗的山就變得惱人了：「我們到底能不能爬到山頂？」

如果有個開悟的人同行，他會怎麼樣看那座山？打一開始他就如實看待那座山。他知道不管山有多高，都必須爬到山頂。在路上他不覺得意氣飛揚，也不覺得煩惱沮喪，不論如何，他總是感覺一樣。

前兩天有個女士哭哭啼啼來找我。她的小孩長大了，但丈夫虐待她。他們剛結婚時，丈夫對她很好，過了七、八年之後就經常吵架，有時還吵著要離婚。她要我給她一些忠

誥，我就勸她不要離婚。

她說：「要離婚的不是我先生，是我。」

我問她：「你有沒有吃過甘蔗？」

「吃過。」

「你吃甘蔗時，從哪一頭開始？」

她問：「那有什麼差別？兩頭不都是一樣的嗎？」

我說：「不，不一樣。靠根的那一頭很甜，但靠葉的那一頭幾乎沒有味道，還不如喝開水。如果你從另一頭開始，愈靠近根就愈甜。你和先生現在的關係就像甘蔗的另一頭，如果你跟先生倒吃甘蔗，就會漸入佳境。不要因為現在不是那麼甜，就拋棄你的婚姻。」

修行就像這樣，明白嗎？如果你修行得不好，也許會說：「這是浪費時間。我在這邊修行既不樂在其中，也不投入。」如果用這種態度，情況可能會變得更糟。愈是不計較自己的情況，就修行得愈好。

有兩姊妹在婚前對先生瞭解不多。其中一位想找個孔武有力的先生，另一位想找個溫文儒雅的先生。然而，希望先生孔武有力的卻嫁給了溫文儒雅的，而希望溫文儒雅的卻嫁給了一個孔武有力的。結果，兩姊妹跟先生在一塊都很幸福。每個人原先想要的，卻不是自己真正需要的。同樣的，修行時要放下這種執念：「如果我採取這個小捷徑，就能更快開悟。」你想要的可能並不是你需要的。開悟沒有捷徑。

如果你很堅持、用功，修行愈困難，結果愈好。找捷徑並不會讓你得力，也不會讓你有太大的長進。「見網」❷愈是稠密，愈難得到解脫。有關佛教方法的知識是有用的，但修行時不要用那些知識來想要如何好好修行。你的「見網」只會牢牢困住你。只要把持住方法，努力用功，不要擔心過去或未來。否則，原先的直路就會變成許多無用的迂迴之路。放下以往一切有關修行的知識和意見，把心放在方法上。絕對不要思考公案、思考某個佛教術語是什麼意思，諸如此類的事。把那一切都忘掉，要像嬰兒一般。

二、真正的寂靜就是定

寂寂無見，暗室不移。
惺惺無妄，寂寂明亮。

有些修行人把「定」誤認為是開悟，這就是法融禪師所說的「寂寂無見」。作者暗示，有顆寂寂不動、卻沒有作用的心，就像在暗室裡紋風不動地打坐一樣。相反的，後兩句詩偈描寫的是開悟的心：覺醒而無妄念，寂靜而又明亮。這

---

❷譬喻腦中的概念與一己之見就像網子一樣，束縛住自己。

些字眼經常用來描述開悟的心：寂寂而明亮，卻依然發揮作用。就我們的修行而言，「惺惺」指的是「觀」，「寂寂」指的是「止」。

我們應該把「觀」的方法看成是用一顆寂靜或寧靜的心來觀察我們的念頭。對初學者來說，這意味著心應該放鬆，只觀察而不思考。做得到嗎？你在慢步經行時能心不散漫嗎？你命令身體行動，還是身體自己在動？如果你走路時沒有在思考，那麼走路的是誰？

真正的寂靜或停止就是禪定。開始時，寂寂指的是除了方法之外，其他什麼都不想。到了只觀一件事時，就是一心。心專一不動時，就跟「止」一樣，這就是初階的「觀」的目標：使心安靜。

現在這個時候我會說，我們大多數人都無法安定自己的心。我們在「觀」時，還是有其他念頭，即使我們達到了「止」，還是很脆弱。除非達到深觀的程度，而且意志堅定，否則很快就會離開「止」。為了要駕馭散亂心，不得不再拾起「觀」。在「止」和散亂之間擺盪是正常的，因此不要輕易心生挫折。

要進入定境，必須把心集中到一點。除了方法之外，其他一切都必須消失，到最後連方法都該消失。在修行中，你可以清楚知覺到現象，卻依然相對不為所動。這種感覺在打坐後可能還會持續。這是好的經驗，對初學者來說尤其如

此，而且在日常生活中有用，但那不是通往禪定之道。

有些修行者到了不用自己的心的階段，而且不是在一個知覺、了然的狀態，這既不是禪定，也不是通往禪定之道，而像是被鎖在黑屋子裡。這是一片空白，不是真正的定，因為在真定中沒有時間感或空間感，也不會覺知到自己。〈心銘〉所描述的定，寂寂了知自我、時間、空間，與禪定、開悟不同。

當你自認在定境時，其實並不是。當你從真定回來時，會覺得跟平常感覺的不一樣，但不會宣稱已經經歷了禪定。體驗到禪定的人是清清楚楚、輕輕鬆鬆的，而不是不知不覺的白癡。如果打坐的目的是變成白癡，就不會有那麼多人來學了。

心如明鏡

「惺惺無妄」和「寂寂明亮」是修行時的止道。清楚知道自己在做的事和周圍發生的事，但沒有散亂的念頭，也不被周圍發生的事所影響。你聽到人們在外面走路、講話，但心並沒有固著或攀附在那上面。當這些現象離開時，心沒有隨它們而去。你的心就像鏡子一般，清楚反映出現在面前的東西，當東西離開之後，鏡子又是空的。讓你的心像明鏡一般，而不要像照相機。照相機捕捉了一個時刻，把它凍結下

來，儲存在底片上。如果心像照相機一般，不斷接收和執著於資訊，就是修行的障礙。

所有的念頭畢竟都是妄念，但這就是分別心運作的方式，要袪除分別心和妄念，就必須利用它們。因此，像數息和持咒等方法本身就是妄念，但對我們正在做的事來說，這些是正確的妄念。除了方法之外，其他念頭都是外來的、散亂的，但猛烈對待它們並不是有效的策略。一旦察覺到自己放棄了方法，跟著妄念而去，就要擺脫那個念頭，回到方法上，那麼你就會回到「正確的」妄念，也就是方法。

我們這個禪中心後面有座花園，我們為了花木蔬果而拔去雜草，卻不為雜草所擾。雜草是自然的、無可避免的，而且我們應該感謝它，因為它幫助我們維持一座健康美麗的花園。妄念就像花園裡的雜草，不要詛咒它，因為它強化我們的專注力和決心。

心寧靜而沒有散念時，就會澄明。在佛羅里達州的時候，我去海洋世界參觀，透過玻璃牆看海底世界，因為水非常寧靜，所以就像沒有水一樣。我們的心就該這樣——澄明而不動。那還不是禪定，但在禪定之路上自然會體驗到這種不動的澄明。

開悟心和禪定心、散漫心都不同。開悟之後，人並不處在禪定中，但心就像禪定中的人一樣。開悟者還是處於日常活動中，但心無好惡。這可視為來自開悟的定力。然而，大

多數的開悟經驗並不是恆久的，到頭來定力會消退。定力能維持多久，就看當初開悟有多深。

體驗到來自開悟的定力的人，和體驗到定力而沒有開悟的人，兩者的差別在於前者已見到了本自具有的佛性。這裡必須講清楚，因為我談的是兩個不同脈絡下的禪定。第一種定力來自已經修到真正穩定的心，這種力量可以來自禪定或開悟。禪定也描述打坐時的一種專注的層次，這時心停在一個念頭上，其他一切都消失。

大部分的開悟都隨著時間而消退。對大多數人來說，它就像是一閃而過的認知，來了又去，在那之後必須精進以期開悟。另一方面，真正的大悟是很罕見的，不會消退，最好的例子就是佛陀本人的徹悟。

開悟者的心就像鏡子一般，透過智慧的作用自然而然回應眾生。但開悟者並沒有察覺到有一個開悟的「我」在幫助人，就像鏡子沒有察覺到它所反映的事物。一般眾生把某些事看得很重要，而排斥其他事，但開悟者看一切事都平等無二。他們知覺到眾生受苦，但自己不再體驗到苦。他們以慈悲來回應我們，而不是以同情。

對某些人來說，開悟者似乎對我們身而為人的種種情況過於不執著，許多人其實不想那麼無動於衷。我們因為欲望而有情緒和煩惱，也因為欲望而受苦，因此不可能瞭解無欲是什麼樣子。我們把自己的經驗和感情投射到這種想像的開

悟，把它看成是空無、負面的。我們緊緊抓住自己的情緒，好像它們就是定義我們的事物。

只要執著於自我中心，就無法開悟，因此不要浪費時間擔心開悟會把你變成一塊木頭，不要關切虛妄心所不能瞭解的事。有這種妄念時，只要回到你修行的那個妄念，也就是方法上。

三、對佛而言，無佛可成

萬象常真，森羅一相。

這兩句詩偈描述的是開悟之後的心。開悟之前，所有的現象都是虛幻的，既不永恆，也不真實。當我們想像、區別的時候，我們所累積的那些世間的念頭和知識都不是究竟的。但在日常生活中，大多數人會說自己所察覺到的都是真的。昨天有人告訴我，他一生對一些事感到好奇。大多數人天生就好奇，好奇就是我們學習的方式，而我們通常把自己學到的當成是「真實的」。

我們之所以爭辯是因為認為自己是對的，另一方是錯的，有些人甚至願意為自己所相信的事而爭鬥。我們之所以無法使自己的心和諧或集中，是因為執著於自己的態度和想

法。這會導致與他人的衝突，甚至自己內心的衝突。

　　昨天我要你們忘記過去和未來，只要用功於當下。我注意到有個人坐得彎腰駝背的，就問他有什麼不對勁，他說，他正在等自己的能量生起，於是我就不管他。到了下一炷香，他的能量上升，就挺起身子，開始努力用功。今天早上他還是這樣，我就告訴他，昨天是昨天，今天是今天，放下過去，當時有用的，現在不一定有用。

　　人的身心一直在流轉，執著於過去發生的事，期盼它再發生，可能會製造煩惱。期盼之心很少能如它所願的。這裡有個寓言來說明：有一天有個漁夫逮到一條大魚。後來，他記起自己先前的好運，就回到那條河的同一個地方，但上次釣魚的地方剛好建了一座碼頭，他卻還在碼頭垂釣，等魚上鉤。他的期盼使他相信虛妄。

　　事情發生當時是真實的，但執著於經驗卻是虛妄的。事情像閃電般來去。今天有人告訴我，他打坐時清清楚楚看到自己在前生殺了某人。我告訴他那是幻境，他問，是不是過去發生的所有事情都是幻境。我告訴他，事情發生當時是真的，但以回憶的形式出現時就是妄念。重要的是，要瞭解事情發生的當下是真的。如果每件事都是虛妄的話，就沒有人會修行了，因為修行也會是虛妄的。修行的念頭是虛妄的，但修行本身並不虛妄，因為當你正確修行時，面對的是當下。

他還問，解脫是不是也是妄念。我說，解脫的觀念是虛妄的，而認爲自己解脫也是虛妄的。然而，解脫本身並不虛妄，否則修行就沒有意義了，做任何事也都沒有意義了；你想做什麼就做什麼，因爲任何結果都是虛妄的。

今天有一組工人在隔壁修瓦斯管。整天我們都聽到有人在講話、機器在操作、鎚子在敲打，現在安靜了。如果你的心依然在回應那些噪音，就是執著於過去。如果帶著它上床，就無法睡覺，這顯然是虛妄的。但是，如果白天吵架讓你晚上睡不著覺，那個虛妄的本質可能就不會那麼明顯。

這種事說來容易做來難。修行時如果能把現象看成是不眞實的，就比較容易放下。今天有人大哭，有沒有人認爲：「她是怎麼了？師父會不會去幫她？我該不該幫她，還是只管繼續打坐？」如果你這麼想的話，忙碌的心在幾秒鐘內就轉了好幾轉。她哭是眞實的，但她的哭在你心裡引發的念頭是虛妄的。

佛菩薩慈悲幫助眾生，自己不受影響。有些人也許把佛菩薩看成是沒有心肝，但那種看法來自執著於自我的觀念。佛菩薩看自己和眾生沒有區別，因此不把眾生當成個人。如果有獨立的自我這回事的話，就會有眾生，如果有獨立的眾生，就一定會有自我。

如果一直想著要開悟，只會受騙。一旦開悟，就不會一直想它，如果一直想，就表示不是眞正開悟。同樣的，也不

要存著成佛的念頭，對佛而言，無佛可成。

　　就現在來說，放下執著，以無所得之心來修行，自然而然就照顧到了未來。如果我說你修行得很好，一講出口就已經是過去了，因此連這個也要放下。如果我責備你不夠用功，你也不要自責，只要接受我的忠誥，繼續修行就好。

好壞來來去去

　　　　去來坐立，一切莫執。

　　「去來」指的是心裡生滅的現象，不管是有關人、念頭、觀念、感情或外物，只要把它們全部放下。坐了一支好香之後，你也許覺得飄飄然，希望能一直坐下去。坐了一支壞香之後，你也許想放棄打坐。好壞來來去去，但執著於好壞就是煩惱。如果你今天坐得好，那很好，現在就把它忘掉。如果不能放下的話，我保證你明天坐不好。如果你今天坐得不好，也把它忘掉。

　　對我們來說，「坐立」指的是打坐修行。有些人喜歡打坐，有些人喜歡經行。我確定有些人喜歡躺著打坐，甚至在睡眠中打坐，對一些人來說，禪中心是個好環境，但對其他人來說則不是。禪七開始時，這些因素會影響你的修行，但幾天之後就該適應環境。「什麼對我是最好的」，任何這種

想法都要放下。修行時，不管環境適不適合你，都應該沒關係，至於你用的是什麼方法也應該沒關係。成立這個中心就是為了幫助修行，好好利用這七天，這沒有外務分心的機會。真正用功於方法時，這些事都不會困擾你。

以不同的方式來修行——打坐、經行、拜佛、出坡——訓練身心在任何情況下都能做得很好。「只有透過打坐才能達到深的定境」，這種說法並不正確，在拜佛、甚至經行時都能入定。

我教你不要用心，讓你的身體自己走動，是有可能的。那時，你會感覺沒有重量，甚至失去身體的感覺。所有這些方法都能幫助你擺脫自己的執著。

四、進入禪門

決定無方，誰為出入？

「出入」指的是禪門，禪門既沒有形狀，也沒有位置，卻是無限的寬廣。這裡有個故事是我專留給禪七的時候說的：你在努力修行之後，來到了禪門，門前站著一個守衛，他說：「首先，你必須放下武器。」由於你決心進那個門，於是想都不想就拋下所有的防衛。接著守衛說：「接下來，

你必須脫掉所有的衣服。」你想了一下，然後把剩下的執著全部拋下。然後守衛說：「現在你必須放下你的身體。」你尋思好久，斷定即使為開悟而死也是值得的，於是就放下你的身體。最後，守衛說：「你連心都必須放下，你進去的時候什麼也不該留下。」由於你決心要成功，所以連最後這個要求也答應了。你放下心的時候，那扇門突然消失。其實並沒有什麼門要經過，也沒有什麼要進入的。

你有沒有這種決心和信心？放棄執著已經很難了——還被要求放棄身心。你原先知道修禪要求這麼多嗎？你也許覺得被騙不見得是那麼糟的事，至少你還存在。我沒有權力強迫你做任何事，一切都看你。

為了解脫而放棄一切，這個比喻可能讓人害怕，但要記得我們全都是初學者，都還沒有到達禪門。就目前來說，你所需要的就只是修行。放下前念，不要執著於後念。停留在當下，直到其他一切都消失。到頭來，而且很自然的，當下也不會存在。這很容易，不是嗎？

如果你曾聽說眾生都是已經開悟的了，但自己卻不知道，這是嚴重的誤解。你聽到的應該是我們原本全都是佛，但自己還沒有發現，而開悟就是這種發現。佛看所有的眾生都是佛，但眾生只把眾生看成是眾生。

「決定無方」的意思是說，佛陀所教的方法都帶往禪門，一旦到達那裡，再談什麼「方向」就都沒有意義了。

五、搭上成佛的列車

無合無散，不遲不疾。

第一句指的是空間，第二句指的是時間。這裡有一對新人，我不許他們在這七天接觸，他們也許認為我分開了他們，其實我並沒有，他們依然是夫妻。如果他們真正不可分的話，就沒有人能把他們分開，但也沒有什麼能使他們完全合為一體。

甚至體內的器官都是分離的，如果壓縮成一團，就不會有作用。平常的心就像這樣，念頭總是來來去去。如果心是「一」的話，又怎麼會一下子覺得貪婪，一下子覺得滿足，一下子覺得哀傷，一下子覺得快樂？因此，我們說身心是虛幻的，而只要是虛幻的，就沒有統一。

只有真心——無心——是一。內外沒有分別，因此不需要談到空間，那麼，這個真心在哪裡呢？如果你說到處都是，它就不是真心。統一心到處都是，但無心與空間毫不相干——它既到處都是，也無處是它。因此，無心超越了統一心。統一心只體認到存在，因此不是究竟的覺知；無心則更進一步，平等無二地體認存在與不存在。

「不遲不疾」指的是開悟所花的時間以及開悟後的時間。許多修行人心想自己會不會開悟，什麼時候開悟。有些

年紀大的人發現我十三歲就當和尚，覺得很沮喪，認為自己沒有足夠的時間開悟。豈有此理！要記住，開悟只是瞬間的事。禪門之前有人排隊嗎？一次只准一個人進去嗎？成佛不必掛號排隊。諸佛的年紀比別人大嗎？諸佛會彼此比較什麼時候開悟，如何開悟嗎？這聽起來好笑，但有些人就有這樣的心路歷程：「那邊那個人坐得像塊石頭，一定快開悟了。我已經打了二十次禪七，那個傢伙才第一次打禪七，因此我該比他更接近開悟。」這些想法聽來熟悉嗎？

開始修行永遠不遲，如果你錯過了成佛的第一部列車，第二部列車很快就會來。重要的是搭上列車，而且待在上面。一旦接受了佛法，開始修行，就繼續下去。煩惱、迷失在妄念中、執著，這些並不意味你下了列車，這種障礙是修行的一部分，而且一輩子都會跟著你。修行正是體認到這些障礙，卻依然堅持。最嚴重的障礙就是期待開悟，那樣的期盼會減損氣力。

成佛時沒有時間、空間，自他不二，過去與未來沒有區別。開悟之後不再有執著。平常我們都是自我中心，主要是為了自利來做事。開悟之後，我們是為了利他而做事。當然，我說的是徹悟，初階的開悟經驗只意味見到無我的性質，那是瞬間的了悟，之後依然不是一個佛，而是有煩惱和執著的眾生。然而，來自那個經驗的力量能鼓舞人進行更深、更強的修行。那力量能維持多久，就看認真的程度。開

悟之後，修行並沒有結束。其實，在開悟的經驗之後應該加倍用功。如果我說的這些聽來像是有關修行，那你就對了。那就是我們為什麼在這裡——來修行。

第五次禪七

———

明寂自然

一、隨心浮沉

> 明寂自然，不可言及。
> 心無異心，不斷貪淫。

「明」指的是智慧，「寂」指的是沒有煩惱。「自然」的意思是說，不管修不修行，明寂都會存在，因爲修行不會創造出智慧。《六祖壇經》說：「迷即煩惱，覺即菩提」。菩提和煩惱從不分開。由於眾生的虛妄，通常會把煩惱和菩提看成是分開的，但諸佛了知煩惱和菩提是一樣的，沒有所謂「擺脫煩惱」的開悟者這回事。

　　因此，〈心銘〉說：「不斷貪淫」，意思是指煩惱。如果你是帶著目標和期盼來這裡，那麼讓我幫你省下一些時間：「你尋求的開悟並不存在」。知道這一點後，你背上的重擔應該脫落了。現在你就可以放鬆，把所有的努力放在修行上，不要想什麼得失。〈心銘〉說，智慧和煩惱是相同的，因此又有什麼得失呢？

　　知道沒有什麼可得之後，你也許會問：那為什麼要修行？為什麼要參加禪七？重點是：如果心存期盼的話，就會製造出更多的煩惱，因此只要放鬆就行了。不要害怕妄念、煩惱，或身心狀況的變化。如果一定要怕什麼的話，就去怕那個尋求和厭惡的心。

　　覺得精疲力竭時，沒有必要強逼或貶抑自己，但這並不意味軟弱或失敗。沒有氣力、心完全散漫時，就放鬆，坐在蒲團上休息，甚至連方法都不去想，讓身心恢復。

　　強迫自己只會使自己更疲倦，產生挫折感。如果不想休息的話，可以起來，緩慢地拜佛，就能漸漸把心定下來，而且這個動作會幫助你從身體的懶散中恢復過來。

　　　　性空自離，任運浮沉。
　　　　非清非濁，非淺非深。

　　第一句詩偈這樣來瞭解比較好：「由於法性是空，自然

就離開煩惱。」法或現象本是空的——不持久，也不單獨存在。知道法性本空，就不需去尋求或避免它。沒有執著，也就沒有煩惱。因此，瞭解到法是空的，煩惱自己就會離開。

面對煩惱時，如果壓抑、反對或執著，只會創造出更多的煩惱和障礙。我告訴修行者不要注意自己的妄念，但有時他們會把這誤認為要壓抑或遮斷妄念。其實，這意味著認知到妄念的存在，但不執著。讓它們來，讓它們去，就像〈心銘〉所說的：「任運浮沉」。

任心去浮沉，是進步的明確標示。對開悟者來說，妄念不再是煩惱。如果你看到禪師在罵弟子，那對禪師會是煩惱嗎？在禪七結束前，你也許有機會挨罵。人們通常認為憤怒是煩惱，但有很多有關憤怒的師父或祖師的紀錄。有一次文殊師利菩薩拿著劍對佛陀說：「你到底是哪種佛？你好像只是來把煩惱帶給眾生。我最好還是殺了你。」

對完全開悟的人來說，煩惱是智慧，智慧是煩惱。因此，憤怒就成了回應，而它的根源是智慧。諸佛回應眾生的需求，如果需要憤怒的話，諸佛就會顯現憤怒，之後就只是進入下一刻。執著於煩惱也許會讓我們做出或說出有害的事，甚至影響到我們的生理。但是惡運降臨開悟者身上時，他們不會因而受苦，也不會為好運所動，因為對他們來說，諸法是空。凡夫無法用這種方式來面對世界和生活，對凡夫來說，假裝不被好運或惡運影響，只會製造出更多的煩惱。

一般人認為開悟者的心澄明深邃，凡心則混濁淺薄，但對開悟者來說，澄明和混濁、深邃和淺薄並沒有分別。我們不能假裝自己混濁淺薄的心其實是澄明深邃的。我們修行是因為瞭解自己的心是混濁、散漫、混亂的，否則就沒有必要花工夫修行。有經驗的修行者也知道修行會使心澄明，變得更有見識。

澄明有三個層次。第一個層次是透過打坐能達到的一般的澄明。禪七結束時，你們大多會體驗到這種澄明。第二個層次來自禪定，是一種深沉的澄明。第三個層次來自開悟，這時澄明在一切情況中都自然而然產生。

長期不斷修行，氣就會通暢無礙，心就會澄淨、光明得多。然而，我們不該追求這些結果。如果發生這些現象，只不過是自然而然的副產品。我們也不該集中於修定，目標應該只是收心，使它統一，然後超越統一心，而體驗到無心。這並不是說禪定不好，因為禪定至少能暫時減輕我們的煩惱，澄清我們的心。然而對一些人來說，禪定的喜樂會變成執著和陷阱。

悟分為淺悟和徹悟。淺悟就是見到自性，它和定相似之處在於它們的利益都是短暫的。相反的，徹悟能永斷煩惱。對大徹大悟的人來說，既沒有煩惱，也沒有智慧，只有對有煩惱的人來說，智慧才存在。

此時此地，你們的修行大多在於集中心念的層次。一旦

心念集中，就可以開始修禪。如果繼續修行，就能逐漸瞭解
澄明與混亂、智慧與煩惱的本質。

二、本心就是現在

> 本來非古，見在非今。
> 見在無住，見在本心。
> 本來不存，本來即今。

你們之中有人問：「如果佛陀和煩惱本來是一，眾生又
從何而來？」相對來說，有開始和結束這類事，人們有生
期、死期，這是很明顯的。究竟來說，其實並沒有開始。如
果你一直循直線行走，終究會與你的起點交會。物理學家相
信宇宙也是彎曲的，有人猜測時間可能也是彎曲的。其實，
時間和空間是相互依存的：沒有空間，就無法察覺時間；沒
有時間，也無法察覺空間。

很難理解時空是無始、連續的循環體這種觀念，我們的
感官和經驗的範圍極為有限。如果我們到頭來只是到達同樣
的地方，似乎就沒必要去任何地方。其實，那種情況很少發
生。大多數人繞道、迷路、忘記自己身在何處，止步、回
轉、兜圈子。然而，一直往前走，直到剛好走了一整圈，這

個經驗是值得的。旅程中必然會發現、學習、享受一些有趣的事，但如果不上路就無法親身體驗。

走直線一直到與起點交會，這是禪修的隱喻。開始時是煩惱心，結束時是智慧心，但就像我說過的，煩惱與智慧是相同的。你依然是「你」，但「你」已經改變了。開始時你是困擾的眾生，開悟時你發覺自己回到起點，你還是同樣的你，但自己的觀感已經改變了。

「本來非古」指的是本心。基本上，這意味著本心不是曾經存在而現在不再存在，本心就是當下之心，沒有開始，也沒有結束。「見在非今」意味著不是從煩惱中製造出智慧，不是從煩惱的灰燼中生出智慧。

時間不適用於開悟和本心。你今天的臉是舊是新？你一歲時的臉是舊是新？這些都是沒有意義的問題，但我們的心卻硬要把一切看成是從過去到現在到未來的連續體。本心永遠是舊，永遠是新，永遠是現在。

這裡有位禪修者的太太懷孕了，我問他：「你太太懷孕了，你對她的愛現在是不是不一樣？你更愛她，還是比較不愛她？這是不是意味著你有不同的心，從前的心一半是愛，現在的心滿滿是愛？」從我們一般的觀點來看，似乎面對不同的情況、地方、時間，就會有不同的心。煩惱心的面貌不可勝數，但〈心銘〉所說的心是本心，沒有煩惱的清淨心，這個心是不變的。

　　當你醒悟時，煩惱就變成智慧，就會瞭解過去心與現在心了無差別。因此，不必憎恨你的煩惱心，只要努力修行，煩惱心自然而然就會變成智慧心。憨山禪師（一五四六～一六二三）──不要跟唐朝的詩人寒山混淆──開悟之後說，他現在知道自己的鼻孔向下了。在這之前，他並不是白癡；他只是繞了一整圈，以往是以煩惱心知道自己的鼻孔向下，現在是以智慧心知道。除了這個世界之外，沒有淨土讓你去努力達成，現象本身就是真理。

　　「見在無住，見在本心。」《金剛經》要我們「應無所住而生其心」。本心並不抓住任何東西，所以不受外境束縛，這就是無住之心。當你修行時，自問：「我的心是否住於某處？」如果是，那就是煩惱心。不要失望，這是我們必須開始的起點：試著把散亂心收起來，使它單純、集中。要達到無住，必須先把心住於一處。

　　當心散亂時，它住於許多地方，從這裡跳到那裡，抓住一件事，被另一件事搞混，我們帶到蒲團上的就是這個心。我們以修行來收心，訓練它住於一件事，也就是方法上。

　　如果打坐時你一直在動，搔癢、歎氣、做這、做那，你的心住於何處？它被你身體的動作和念頭所牽引。修行就是逐漸訓練心住於你要它住的地方。

　　「本來不存，本來即今。」本心沒有根源，它就是此刻此心。有些人有能力知道別人的過去和未來，但他們必須先

進入別人的心。那麼，本心在哪裡？是他們所看到的過去心，還是他們所看到的未來心？其實都不是，而是當下之心。

　　由於佛心不住於任何地方，它就不存在，心只有住於某件事時才存在。修行是爲了讓心住於你要它住的地方，不讓它活蹦亂跳、東奔西跑。禪七中的生活很簡單，把你的心放在方法上，其他的順其自然。

三、抓野兔

　　　　菩提本有，不須用守。
　　　　煩惱本無，不須用除。

　　法融禪師前面說本心原本不存在，接下來說菩提總是存在，煩惱從來不曾存在。儘管聽來矛盾，但他說的是重要的事。菩提總是存在，這給我們信心和勇氣來修行，朝向一個可以達到的目標而努力。煩惱從來不曾存在，這幫助我們擺脫它的束縛，不必覺得自己被迫或註定要陷溺於煩惱中。

　　有些人認爲沒有菩提可得，有些人害怕得到菩提之後會再失去。《六祖壇經》中提到神秀和尙（卒於西元七〇二年）呈了一偈給五祖弘忍（六〇二～六七五）：「身是菩提樹，

心如明鏡台，時時勤拂拭，莫使惹塵埃。」

　　這個偈反映的態度是要維持菩提心，讓煩惱不要生起。雖然不需擔心菩提會被污染，但這並不意味修行是沒有意義的。要記住，〈心銘〉是從開悟的觀點來說的。我們為了體悟真理，必須修行，如果我們不修行，就永遠無法知道菩提總是存在，而煩惱不存在。

　　　　靈知自照，萬法歸如。
　　　　無歸無受，絕觀忘守。

　　「靈知」指的是本心，而且一向存在，它自照，從來不知煩惱。如果佛性能被煩惱污染，就不是佛性。靈知總是存在，從來沒有失去過，是虛妄使我們無法看到它。打個比方，我們可以說浮雲遮蓋了太陽，其實並非如此。沒有什麼遮蓋住太陽，而是我們在地球上有限的觀點使它看起來好像如此。為了真正看清太陽的面貌，我們必須成為太陽。體悟本性就像撥開浮雲看太陽，這並沒有使人成佛，但至少是看到了自性。這跟看到整個太陽不一樣；大氣層依然遮掩住太陽的真性，但太陽本身並不被浮雲或大氣層所干擾，就像佛性不被煩惱干擾一樣。

　　「萬法歸如」意味著所有的現象（法），不管是物質的或心理的，都變化不已。然而，〈心銘〉說它們其實是

「如」。原本它們之間沒有差別，表面上的差別其實是虛幻的，就像你看到的太陽是虛幻的。對我們來說，法一直在改變，但當原本的智慧現前時，我們體悟到所有的法都「歸如」。不過，「歸」字可能造成誤解，其實法並沒有任何地方可歸，不像是有個大倉庫那樣來儲藏，也就是「無歸無收」的意思。這澄清了一個觀念，以為可能存在著像神那樣的東西可以讓一切事物回歸。

「絕觀忘守」說的是修行的方法。由於原本的智慧永遠明照，因此不需要修行。這看起來一定很奇怪，尤其是對花了那麼多時間和氣力打坐的人來說。如果覺得這些字句適用於你，那你就可以回家了。這種觀察來自靈知已經升起的人的觀點，但因為我們都還沒體悟到這一點，所以必須修行。「觀」意味著投注於方法；「守」意味著不要讓它溜掉。

用功於方法就像抓野兔一樣，必須耐心、小心。如果兔子覺察到你，就會逃跑。如果你知道自己坐得很好，因而心想：「我坐得很好」，那就像是對兔子說你在這裡。如果你很澄明、集中，一旦開始自鳴得意，方法就馬上離開你。同樣的，當你察覺到腳和背不再痛時，那痛就回來。

我們還未能顯現自己的靈知，因此還不能談法的「如」，更不要說「絕觀」了。我們必須接受自己的現況，而且從這裡開始用功。

四、四德

四德不生，三身本有。
六根對境，分別非識。

「四德」指的是涅槃的各方面：常、樂、我、淨。「三身」是佛的三種身：法身、報身、化身。「六根」是眼、耳、鼻、舌、身、意。超越了分別的意識是開悟的經驗，是已經敞開、明亮了的心。

涅槃的四德似乎跟佛教眼中眾生的虛妄觀念一樣，這是不是矛盾？首先，我們必須探究佛教對人的妄想的說法。佛教說到生死輪迴的四種特色：無常、苦、無我、不淨，這些都是涅槃四德的相反。

首先，一切都是無常，隨著因緣而生、住、異、滅。沒有什麼是永恆或獨立的，因此，一切都沒有自性，苦來自因緣。之所以如此，是因為我們的身心污穢不淨。

你會說自己的人生是完全的喜樂嗎？我懷疑。如果你說自己的人生是完全的痛苦，我也懷疑。佛教有關苦的觀念和無常的觀念息息相關，佛教也承認歡樂的經驗，沒有歡樂的話，人類就不會繼續存在。就是因為體驗到歡樂，所以我們要去尋求更多的歡樂。對一些人來說，他們的欲望也是一種歡樂。我們可以說，人生就是追求歡樂，但如果說我們只體

驗到歡樂，這種說法是不正確的。

其實，我們既體驗到苦，也體驗到樂，如果只有樂的話，釋迦牟尼佛就永遠不會覺得需要修行了。那麼，我們感受到的這個樂到底是什麼呢？我們的樂就是在短暫的欲界所體驗到的樂，不是涅槃的真樂。執著於世間樂的人連定都無法體驗到，更別說開悟了。

那些跟苦關係較深的人，在修行上更得力，因為修行需要某種程度的決心，人生一直充滿歡樂的人可能不會那麼用功，而受過很多苦的人可能會為了超脫輪迴而修行，這就是阿羅漢的方式。菩薩道就是發願幫助眾生結束「他們的」苦，因此，深切瞭解生命之苦的本質，是大乘修行所必要的。

我們早晚課時唱誦「眾生無邊誓願度」的弘願，但你們當中有多少人瞭解到這種說法的深意？也許你們只是口裡誦念，並沒有幫助眾生的深信。這並不是你們不關心，我相信我們多多少少都關心別人，只不過沒有真正感受到太多的苦。我們覺得自己的人生沒那麼糟，我們周圍的人情況也都滿不錯的。由於我們沒有強烈的苦的感受，所以沒有強烈的欲望要濟度眾生。其實，如果你四處想要幫助他人解脫，一定會有人要你少管閒事。只有當你真正知道苦是人生中本來就有的，才會真正關心眾生。

雞、牛、豬是不是受苦？我確信有些人根本沒想過這

些，只是相信這些動物生來就是要做為我們的食物。如果我們是待宰的羔羊呢？那就會有苦。我們並不處於那種情況……，果真如此嗎？另一方面，也許雞、牛、豬並不苦，也許牠們不知道自己要被殺了，也許牠們覺得自己過得很快活，要吃什麼有什麼，有人照顧，有地方讓牠們蹓躂，只要這樣繼續下去，那的確是好日子。

我用這種比喻是因為許多人就像這些動物一樣，不知道自己在受苦。我們彼此衝突，也和自己衝突；我們無法控制世界，無法控制我們的身體，無法控制我們的心或感情。我們無時無刻不在煩惱，但當別人問我們時，我們可能說自己活得滿不錯的。就這個意義來說，我們和自己餵養、然後宰殺的家禽、家畜沒有太大的區別。那真是可憐！

痛苦來自無常和不淨。即使歡樂，到頭來還是會變成痛苦，因為它無法持久。到頭來我們會失去自己所愛的、會生病、會死亡。常、樂、我、淨四德指的是涅槃、智慧和佛性，這些都無始無終，因此是常。成佛時，涅槃並沒有開始，它無始以來就一直在那裡。佛性也是一樣，不是因為你修行，佛性才開始——它永遠存在於那裡，靈知也是一樣，這些是真正的常。常無法來自無常，真常永遠是常。

同樣的，真樂不會來來去去，而是不斷的、恆久的。每天晚上我都問你們：「今天過得好不好？」有些人說好，有些人說不好，有些人不吭聲。對那些說好的人，這一天真的

過得好嗎？要真的過得好，必須瞭解好日子是什麼。你必須一直體驗到好日子，所有的日子都要一樣好。如果你說今天過得好，但昨天過得不好，那麼今天就不是真正地好，只是跟昨天比起來才算好，明天也許更好。那是不是意味著今天不像你想像的那麼好？如果你說自己所有的日子都很好，禪七結束後卻被車子撞到，你會不會還堅持原先「今天過得好」的說法？

我們體驗到的所有歡樂，不管是生理的、心理的、感情的，都來自欲界，都是短暫的，因此不能視為真樂。天人體驗到喜樂，因為他們不像我們這樣受到肉體的限制。然而，他們的歡樂也是有限的、短暫的。定中的人體驗到禪悅——超越了肉體、空間、時間——但定終究也會消退，而體驗到禪悅的人想要以打坐重得那種大樂，不幸的是，那也是有限的、無常的。

此外，不管一個人體驗到什麼樣的樂，與苦的經驗相比，樂似乎總是短暫的，這是從我們主觀的觀點來瞭解，譬如說，如果睡得舒服、安詳、放鬆，時間似乎過得很快。相反的，要是做惡夢，就會覺得連連不斷。如果打坐得很好，時間就像飛逝一般；如果腳痛，就好像結束的磬聲永遠不會響似的。客觀上，時間是一樣的，但從我們主觀的觀點來看，痛苦徘徊不去，而歡樂總是飛逝。

我們在日常生活中體驗的自我，並不是真正的自我，而

只是根據想像和煩惱生出的幻覺。我們不妨尋思：自我是什麼？那是很多幻覺和念頭連串起來。我們說到自我，就像是屬於「我」的東西，「我的」東西，或「是我」的東西。但自我只是一連串的連續念頭——前念產生後念——這一切創造出自我的幻覺。煩惱只會產生虛妄心，而煩惱又來自根本無明，至於根本無明則是無始的。

我們的念頭一直在變。在川流不息的念頭中，自我在哪裡？只有佛性、涅槃和智慧永遠不變，只有這些是真正的自我，我們所知道的一般的自我只是幻覺。

真正清淨的東西是從來不會改變的，但基本上並沒有「淨」與「不淨」可言，這些是由於我們的混亂、分別所製造出來的區別。只要有分別，就永遠不可能有真正的清淨，而分別來自虛妄心和煩惱心。

常、樂、我、淨的真正狀態是涅槃的各方面，但如果進入涅槃時還有四德，那其實是執著，也就是還沒有真正進入涅槃。這些所謂的四德只是引導我們朝向涅槃的目標，進入涅槃後，就不再有任何分別，也就沒有必要再談四德。

「三身」指的是佛陀的超越之身，只有從眾生的角度來看，三身才是有分別的。法身是普遍、不動的，不存在於特定的地點，也不具有特定的形狀或形式，是無所不在、普遍存在的。

報身存在於諸佛的淨土，只有諸佛才看得到。這個淨土

中會有眾生，但他們看到的淨土和諸佛看到的淨土不同。只有初地以上的菩薩才能看到某尊佛的報身，即使如此，也只是他們自己的觀感，而不是那尊佛的觀感。

也許我們認為自己看到的是相同的禪堂，其實每個人看到的東西都不一樣。你們中有些人認為這裡有鬼，也許你們看到的鬼怪在我看來是佛菩薩、阿羅漢。因為我們的心態不同，所以看到的東西不同；即使居住在某尊佛的淨土的人，他們看到的也和那尊佛看到的不同。

其實，我在這座禪堂裡的確看到鬼，但他們跟你們所想的不一樣。有個打禪七的人說，她看到死人的鬼魂。而我所看到的，是在這裡的你們的鬼魂。你們一輩子都跟鬼在一塊，面對的是你們的習慣、偏見、煩惱、貪婪、瞋恚、愚癡、懷疑的鬼。即使你們正在聽我開示、正在打坐，那些鬼現在還是跟著你們。

佛的化身就是能濟度眾生的佛的那一面，而且可以隨時隨地現身。化身可以兩種形式出現。一種化身是透過出生來到世間，就像釋迦牟尼佛那樣。另一種化身可以佛的形式出現，但也會以任何形式出現。所以任何幫助你修行和生活的，都該視為佛的化身。

也許有人不是有意要幫助你，卻在修行路上的確幫助了你，在那時、就那個意義來說，那個人就是佛的化身。那個幫助也許是明顯、正面的，也可能看來是負面的、有害的，

但只要指引你進一步修行佛法，就是化身的幫助。身為修行人，我們應該把一切眾生都當成是無數佛的化身，那可以是朋友、陌生人、敵人，也可以是蜘蛛、蒼蠅、老鼠，每個人、每樣東西都是佛的化身。

「六根對境，分別非識。」這兩句詩偈指的是佛心已經顯現的人，這種人依然能充分運用他們的六識，但他們的六識不再被一般的意識所控制，反而都成為智慧的作用。一般的意識是感情的，其中摻雜了執著，而智慧則來自無執。我曾經提到根本智和後得智，我們可以這麼來瞭解：根本智就是一個人開悟時所生起的，而透過六種感官來運用這種智慧就是後得智。

這裡我們談的是佛菩薩，但一般眾生則不同。我們打坐時生起的任何現象都是虛幻的。今天在打坐時，你們之中有人認為自己看到、抓到一隻兔子，有人被闖進禪堂裡的蒼蠅干擾。顯然禪堂裡沒有兔子，但從修行者的觀點來看，你們應該把所有的現象，包括兔子和蒼蠅，都看成是虛妄的。

打坐時不許你的心和這些外在的現象互動，不管發生了什麼事，你的心都該不為所動，把一切當成虛幻，把你自己想成是佛像。佛像會被蒼蠅干擾嗎？把你的身體變成佛像，用你會動的心來用功。

開悟者的六識依然會回應環境，但不會被任何事情干擾，不管那是惱人的蒼蠅或美妙的音樂。我們現在還沒有到

達這個層次，要用功修行，停留在方法上，不要管任何發生的事。其次，不管在你身上發生了任何事，都把它當成和你無關，並不需要開悟才能效法這種態度。

日常生活則不同，不管你手頭上在做什麼，心都應該在那裡，這就是覺知，是很好的修行。你也許無法在一夜之間開悟，但卻是走在坦途上。

第六次禪七

———

一心無妄

一、修行也是妄念

> 一心無妄，萬緣調直。

所有的身心煩惱都是妄念。今天有人引用《金剛經》裡的「無住生心」，並且問我，這是不是意味著沒有動機或什麼事都不做。其實，這句話描述的是開悟後的狀態，這時智慧生起，而心不執著於任何事情上。當你有心打坐，這個修行的意志依然是個妄念，我們認真修行時，用的依然是這個假心（妄念）。相反的，真心就是無心，如果無心的話，又如何修行？

你所做的每件事，包括打坐，都是在假心之下，但如果不用這個假心來修行，就永遠無法得到真心。

修行的過程就是從散亂心到集中心，再到統一心，然後從一心到無心。前三個階段——散亂心、集中心、統一心——都是虛妄的，但很少有人能不經過這三個階段直接到達無心。

眼前你們大多是從散亂心到集中心，即使在這個階段體驗到成功都是好修行。

也許你在這次禪七中只是偶爾體驗到集中心。如果你整個禪七都在想你的日常生活，那就依然停留在散亂心。因此，我們需要方法來引導散亂心到達集中心，再到統一心，並且超越它。

人們經常認為自己已經開悟了，其實體驗到的只是統一心罷了。他們也許把那個經驗描述為喜悅的、自由的，但依然存在著分別。

統一心甚至都還分不同的層次：第一個層次是身心統一，第二個層次是自我和環境的統一，第三個層次則是普遍、無限的統一。

你們之中有些人可能已經品嚐到了第一個層次的統一，如果你已經忘掉自己，不再知覺到自己的身體和念頭，那很好。達到第二個層次時，會覺得更喜悅，因為不再區分人我。只有在深定時才會達到無限的統一，這種人也許覺得自

己不再有煩惱，其實細微的分別依然存在。

在無心中，無事可做，卻依然做事，這又回到了《金剛經》所說的「無住生心」。這時不執著於自己或他人的存在，但依然與人互動、幫助別人，在外表上也與其他人一樣。

〈心銘〉這裡所說的「一心」可能引人誤會，因為它指的不是統一心，而是無心——諸佛體驗到的相同的真心。區別凡夫的一心（統一心）和諸佛的一心（無心／真心），是很重要的。

「萬緣調直」不該與體驗到一心的喜悅混為一談，如果把那種狀態視為和諧的、美妙的，那依然是執著，這是好現象，但不是無心。諸佛的一心如實觀看萬法，不會加上「這是美妙的」或「這是祥和的」。

你也許會覺得奇怪：如果不把事情看成是美妙的、祥和的，那為什麼又要開悟？重點在於，這些都只不過是虛妄心的不同面貌，和醜陋、暴力同樣是虛妄的。如果諸佛遇到了一場暴力戰爭，他們會怎麼辦？顯然他們關切的不是自己的戰事。

他們會不會看到別人在受苦、受傷？答案既是，也不是。一方面，他們如實看待萬法或現象，因此戰爭就只是戰爭；另一方面，他們會看到眾生把它當成苦難，因此會竭盡所能幫助眾生。

這是什麼？

> 心性本齊，同居不攜。

「心」是依智慧所作用的佛心；「性」指的是萬法本然的佛性，沒有我們加上的分別。心無煩惱時，可以看到萬法的佛性。凡夫心依區別和煩惱來作用，因此無法看到萬事萬物本具的佛性。我們習慣於拿事情做比較：這個比較好，那個比較差；我比較聰明，你比較美麗……。如果有這種分別心，就無法體驗到佛心。

有一次我拿著香板站在一個修行人面前，問他：「這是什麼？」他抓住香板的另一頭說：「這就是這。」那就是無分別。不管它是木頭、動物、人或愛，都沒有關係。在那個時刻，他的心中沒有分別，因此他說什麼、做什麼都可以，他特定的言詞或行動並不重要。

有個著名的公案就說明這一點：百丈禪師（七二〇～八一四）在他的首座和尚和另一位名叫溈山的和尚（他那時還是個廚子）面前舉起心愛的花瓶，說：「不能叫它瓶子，告訴我這是什麼？」

首座答道：「不能叫木頭。」意思就是說，如果不能叫它瓶子，也不能叫它任何東西。百丈接著問溈山同樣的問題，溈山一腳就把瓶子踢翻、打破。百丈再問，溈山沒有回

答就跑出房間。如果回答就多餘了，但如果不一腳把瓶子踢翻，又像根本沒有面對這個問題。

首座待在後面等著，心想發生了什麼事，自己回答得正不正確。百丈看著他說：「他知道，你不知道。」這故事的重點在於，首座想知道發生了什麼事，他的答案正不正確，而潙山心裡沒事，連對錯、輸贏的念頭都沒有。

對一般人來說，瓶子就是瓶子，有它的形狀和作用。當一個人指出瓶子是瓶子時，用的是分別心。如果反過來說，弟子問百丈禪師同樣的問題，你認為禪師會怎麼回答？如果禪師說：「這是瓶子」，會是正確的。如果弟子也說：「這是瓶子」，也可能是正確的。但百丈禪師已經排除了那種選擇，因為他想知道弟子心中有沒有執著，或任何事。執著心以有限的方式看事情，無執之心視一切平等，把一切視為平等就是見到佛性，因為心、性本齊。

「同居不攜」指的是心、性之間的差異。佛陀的一心視萬法為平等，煩惱心以分別來看一切。然而，心、性的本質是平等無二的，就是因為這樣，我們才能體悟本心。在打坐了一天之後，你是有平等心呢？還是依然在分別？

我們認真修行時，是在運用妄念，而那正是煩惱心。只有不再繼續使用妄念時，智慧才會生起。我們用集中的方法來統一心，在身心統一之後，我們轉換到話頭來打破統一心。我們必須超越統一心，才能體驗到無執所生起的智慧。

　　我希望你們能利用這次禪七從散亂心到達集中心，最後
到達統一心。到達統一心的最好方式就是不要害怕妄念，只
要停在方法上，不要分析自己的所作所為是好是壞，否則，
就表示離開了方法。

二、隨順萬物

　　　　　　　無生順物，隨處幽棲。

　　「無生」這個詞在佛教經典到處可見，意思是無念、無
執、無煩惱、無污染。徹悟的修行者沒有任何煩惱，他們隨
順萬物，認知萬法而不去干擾。

　　先前我問你們認為佛陀會如何回應戰爭和屠殺？「順物」
的意思是開悟者即使自己不為所動，依然會正常地回應特定
的情況。因此，諸佛會隨順現象並予回應，不會對暴力和戰
爭毫無回應。進一步說，沒有開悟的修行人也有可能看到有
人死去，卻不真正視為有人死，或看到房子著火，卻不真正
視為有東西在著火。

　　有位居士的家遭小偷，他的太太很沮喪，他就告訴太
太：「沒關係，小偷沒有偷走任何東西，其實他偷的是自己
的東西。」小偷聽到先生這麼說，心想那人是白癡，回過頭

來把他太太帶走。他太太問：「你現在要怎麼辦？」先生回答說：「沒關係，他只是帶走自己的太太，與我無關。」這個人以爲他沒有分別自己和別人的東西。你期望達到的是這種無分別心嗎？

我有一位弟子的一箱寶石被幾個男孩偷了，卻依然相信他們很可愛、天眞。在一次禪七之後，另一個弟子把自己所有的錢財都送給朋友和陌生人，覺得不值得給人的東西就丟掉。他的一些好朋友要他到精神病院接受觀察，但他抗議說其實發瘋的是別人。

這些故事告訴我們，類似這樣的情況並不限於古早的故事，也發生在今天你我這樣的人身上。更重要的是，我要強調這「不是」經典中提到的「無生」或「順物」的意思。我不是說這三個人的行爲沒有理性，只不過他們並沒有開悟，也沒有「順物」。在修行的過程中會生起許多不同的心態，因此這些修行者體驗到什麼我們並不清楚。也許他們的行爲是虛妄的，也許他們體驗到的是一種中階的修行。

「隨處幽棲」是什麼意思？達到「順物」層次的人不需要隱居山林或任何地方，他可以在任何地方，動靜皆宜。就某個意義來說，他到任何地方都帶著獨自修行時的安詳，因此在一切地方都能平等無二地居住。要得到這種安詳並不需要達到高深的修行層次，你們之中有些人可能現在就體驗到某種程度的安詳。禪七的第一天，你們大多數人都還被街上

的噪音干擾，但隨著時間的進展，愈來愈不受這些現象干擾。當然，這不是禪定，因爲如果是禪定的話，就什麼也聽不見；但如果你能認知周圍的聲音，而不回應，只是繼續你的方法，那修行已經得力了。

在修行的過程中，你們大多數人會體驗到與外在環境統一，但我有把握你們大多數人不會把財產都送人。這並不是說，我先前描述的那些人瘋了，但那些事不常發生。有個階段的修行被描述爲「見山不是山，見水不是水」，這是修行中的正常階段，但每個人的行爲方式不同，大多數體驗到這個修行層次的人舉止並不怪異。

禪七結束時，我告訴每個人繼續像往常一樣過日子。因爲修行，就自認與別人不同，這種想法是愚蠢的，禪七沒有給你特權或理由舉止怪異。如果發生了就發生，但如果只是爲了與眾不同而舉止怪異，那就錯了。如果不想惹麻煩，我建議你對配偶還是以敬愛相處，不要說他的存在沒有關係。

禪適用於每個人，你不需要是某種類型的人，或過某種方式的生活，也不必住在山林中，任何地方都能修行。佛教史上許多大師，包括慧能和法融，都這麼說。

開悟也是妄念

覺由不覺，即覺無覺。

　　開悟之所以存在，只是因為有還沒開悟的眾生。如果你開悟的話，還會有開悟可言嗎？對你來說沒有，但對別人來說則有，因此，沒有開悟的人應該追求開悟。然而，沒有開悟的人所追求的開悟是幻覺、妄念、錯誤的想法。一旦開悟，悟境就不再存在。

　　人們問我天有多少層，我回答說，天就像人生一樣，對每個人來說都不一樣。這次禪七對每個人來說都不一樣，你的體驗和別人的體驗毫不相關。你在你的禪七中，他們在他們的禪七中，你見到的師父和別人見到的師父也不一樣。

　　即使出生在相同環境的人，他們的人生也是不一樣的。佛經上有個說法，魚所體驗到的水是皇宮，餓鬼所體驗到的是臭膿，而人類所體驗到的就是水。同樣的，人們體驗到不同層次的開悟。從前有位大禪師描述自己大悟三十六回、小悟無數回。

　　也許談這些不同種類的悟會讓人混淆。你可能會把小悟想成是雲彩散開、星星出現，中悟是月亮出現，大悟則是太陽出現，其實不然。用這種類比把開悟描述成不同層次的光亮，太限制了。

　　這位禪師如何接二連三開悟那麼多次？為什麼有些是大悟，有些是小悟？在開悟的經驗中沒有煩惱，但當那種體驗的力道消退時，煩惱就會回來。煩惱回來得多快，當然要看它們有多強烈。但當佛陀體驗到徹悟時，他的煩惱永遠斷

絕。我們開悟的本質和佛陀的開悟是一樣的，只不過沒有那
麼深，也沒有那麼廣。

　　但在禪七中，你們不該存有開悟的念頭，只要維持在方
法上。開悟就像街上的噪音，與你無關。就現在來說，兩者
都是妄念。

三、萬法一法

> 得失兩邊，誰論好惡？
> 一切有為，本無造作。

　　〈心銘〉所說的「得失」是什麼？是得到煩惱，失去智
慧？還是得到智慧，失去煩惱？我確信每個人都喜歡後者。
其實，這兩個可能性都是凡夫的觀點。修行人經常問：「如
果每個人原本是佛，那我們是什麼時候失去智慧、得到煩惱
而變成眾生的？」其實，智慧與煩惱總是在一塊，無法分
開。得到智慧時，就得到煩惱；得到煩惱時，就得到智慧。
摸不著頭腦嗎？我還要說，如果放下智慧，也就放下煩惱；
如果放下煩惱，也就放下智慧。

　　智慧本身就是煩惱。就眾生而言，菩薩的智慧就是煩
惱；他們無法用其他的方式來看待。然而，在菩薩眼中，眾

生的煩惱卻和智慧沒有不同。從佛陀的觀點來說，既無智慧，也無煩惱。因為你們都還不是佛，無法瞭解這個。如果不是菩薩，甚至無法測量智慧，所知道的就只是煩惱。

每當有區別、得失這類事情時，就造成分離、極端、兩極、比較、判斷。只要我們還沒開悟，就只能如此，對我們來說依然有得失、智慧與煩惱。許多人來到禪七希望能得到什麼。我確信你們之中有人心想：「我會從這次禪七得到什麼？只要有收穫，只要能有什麼寶貝帶回家，我就願意用功修行，付出很高的代價。」我建議你採取不同的觀點。就我來說，只要你離開時帶的東西比來時要少，你的禪七就成功了。如果來時只有一個包袱，離開時卻有兩個，那就悲哀了。那是多麼沉重的負擔啊！在那種情況下，我會說禪七不值得你的時間和努力。在禪七時，你失去得愈多愈好。

最好是放下了很多，以致沒有什麼可再失去的了。那時你得到了任何東西嗎？如果什麼都失去了，又如何得到什麼呢？如果你連自我也放下，還有什麼屬於你的呢？我會問這些別有用心的問題，但希望你不要把這些加到你的包袱上。當我們說「自我」或「我」時，意思是說對自我的執著，我執不見時，就不再有得失。你也許會問：「那麼得與失哪個比較好？」對體驗到徹悟的人，那種說法是沒有意義的。

昨天有人看到自己的我執嚴重，淚汪汪地來找我。我問他是不是還有執著時，他回答說：「是的，但可能少了一

點。」我對他說：「至少你失去了某些東西。希望禪七結束時，你失去的會更多。也許你會失去很多，回去時連未婚妻都不認得你。」這聽起來也許好笑，但對一些修行人來說，這是他們關切的事。在前一次禪七，有位打七的人就表達了這種關切：「如果我一直放下，到某個階段可能什麼都失去了，那時我會是什麼樣子？那時我會是什麼樣子？」這絕不是開玩笑，也許有一天你會發現自己處於這種情境，我執不會讓你毫不掙扎就放下的。當你瀕臨失去某件東西，或已經失去某件東西時，心中自然生起恐懼。隨著這個恐懼而來的就是試著要掌握某件東西，甚至創造新的執著。這就是煩惱，也是眾生的自然反應。身為修行者要覺知這個，而且要知道只要不斷修行，這些恐懼、期盼和欲望都會減輕。

「一切有為，本無造作」指的是所有的現象（萬法）、行為或示現。〈心銘〉這兩行詩偈很混淆，似乎與常識矛盾。它是意味著結果能從無處生起嗎？我能不學習、用功就成為博士或教授嗎？那簡直荒唐。現象來自其他東西，來自某事或努力，這種想法看起來比較自然。譬如，這幢建築來自材料和勞力，而不是無中生有。我們不能說這幢建築不是造作的，顯然〈心銘〉指的是其他東西。

我們在早晚課中唱頌：「若人欲了知，三世一切佛，應觀法界性，一切唯心造」，這是眾生的觀點。我們說法界中一切由心所造，現象之所以產生是來自眾生的共業和別業，

一切都只不過是這些業力的成熟或示現。〈心銘〉說所有現象本無造作時，採取的是開悟者的角度。對開悟者來說，沒有區別。現象依然存在，但沒有分類、分等、判斷或賦予意義。區別男女、水火、道德與不道德的是我們，對我們來說，這些觀念帶有不同的意義，但開悟者不做這些自我中心的區別，萬物只是如實存在。

開悟者視萬法如一法，甚至連這種說法都不正確。對開悟者，無法可言。如果有法可言，就不是究竟的狀態，但如果無法，又如何有造作呢？混淆由此產生。人們誤信在開悟狀態中只有空、無。對開悟者來說，現象依然存在，但看待它們時卻沒有執著或分別。因此，這個狀態稱為「無法」。這並不是拒絕現象的存在；我們所創造的現象——造作或執著的現象——依然存在。

佛法並不否定世界和現象，也不教人逃避世界。它教人藉由肯定世界、同時又不執著於世界，而自我解放。徹悟的人依然存在，在世上充分發揮作用，他們可以和其他眾生互動，事實也的確如此。除非在少數情況下，否則開悟者和禪宗祖師並不會違反事物的正常秩序。

我讀到一則有關台灣另一個宗教教徒的報導。在回應眼前有關人的進化的爭議時，這個人把一隻猴子帶到台上，並且說：「如果人真是從猴子演化而來，那麼這隻猴子就是你們祖先的後代，你們就該以那種方式尊敬牠。但如果演化是

眞的，爲什麼這隻猴子還是一樣，而我們已經演化成更高等的生物？」他也聽說佛陀提到衆生皆有佛性，所以他找來了很多貓、狗、昆蟲，並且向大家說：「你們佛教徒不必拜佛。如果衆生都是一樣的，你們就可以拜這些動物。」這個人誤解了佛法。開悟的禪宗祖師依然尊敬佛像和佛經，同時他們也知道並瞭解佛像不是佛，佛經其實不是佛法。

　　然而，有關禪師的奇言異行的故事依然存在。有個故事說，和尚們看到一位有名的禪師在佛像前撒尿，就要把他拖走，並且說：「像你這樣的禪師，怎麼行爲這麼無知、不敬？」他問說自己做錯了什麼，他們說：「這是佛像，諸佛的地方。」他回答說：「告訴我哪裡沒有佛，我就在那裡撒尿。」

　　這是禪宗的一個經典故事，顯示禪師努力要打破修行者和弟子強烈的執著。這種情況一輩子難得出現一次，禪師會選擇適當的時機點撥。相反的，如果他經常在佛像前撒尿，很可能會被認爲是怪人，而不是禪師。在大多數的時候，開悟的祖師言行舉止像平常人一樣，不會違反秩序、人與人之間的關係，或公認的行爲準則。

　　身爲修行者，不該有意與衆不同。想像開悟者會是什麼模樣，然後根據那些想像去做，只會累積更多的包袱，而且是些瑣碎的包袱。我們要學〈心銘〉這裡所說的，學習它有關得失的教誨。在沒有得失的念頭時，才能眞正修行。如果

心裡有這些念頭，得到的就只是煩惱。試著要得到什麼好回
去告訴人，是錯誤的態度，而且浪費時間；試著要模仿別人
的經驗也是浪費時間；把自己和別人比，會覺得高人一等或
自歎不如，自大或嫉妒；甚至不要把自己現在的經驗和以往
的經驗相比；這一切只不過是煩惱，修行不會得力。當情況
看來不好時，不要認為已經失敗了；當情況看來很好時，也
不要認為已經成功了。為什麼不放下這些所謂的積極、正面
的念頭，放下得失心。當然我們該有積極的思維，但在這裡
打禪七時，連這種態度都不要執著，只要時時刻刻盡力而
為，只管你所做的，而不執著於發生的任何事。最好的態度
就是處於當下，守住方法。

四、讓煩惱逐漸離去

知心不心，無病無藥。
迷時捨事，悟罷非異。

我們如何能從平常、散亂的狀態，甚至從一心的層次，
達到無心？有兩種禪法可以達到無心：一種是默照，另一種
是公案，也就是話頭。這兩種都是頓悟的法門。默照所得的
開悟一開始時通常很淺，隨著繼續修行而加深，而話頭通常

是導致更明確的開悟，可以是淺，也可以是深。

《楞嚴經》描述了一種類似默照的方法，觀世音菩薩已將聽聞的法門❶發展到極至，而能體察到自性。但因為自性是無聲的，所以這個方法基本上是默照。

虛雲老和尚（一八四〇～一九五九）描述過一種修行法門，就是觀照心的純正自性，而這種自性沒有固定的特徵。當一個人真正體察到這個的時刻，就是佛——即心即佛，即佛即心。要達到這個時刻的修行，就是把個人的覺知向內轉，觀察並傾聽，如此煩惱和妄念就會逐漸減輕，最後消失。當一切妄念止息時，剩下的就是自性的聲音。但這只是一種表達方式，因為自性並沒有聲音。因此，虛雲老和尚的法門也類似觀世音菩薩的法門和默照。這個法門對初學者來說很困難，使不上力，因此剛開始時應該用數息或隨息。但到了數息或隨息自然消失時，這些方法也等於默照。

觀世音菩薩的法門剛開始時是傾聽真正的聲音，但只有在無聲可聽時才是真正實現這個法門。目前就你們的層次來說，不要試著仿效這個法門。如果你數息，只有在數字自然消失時才該開始使用默照或話頭。還在跟妄念搏鬥時就放下數字，只是自我欺騙。能連續幾炷香使用呼吸法而很少、甚

---

❶ 《楞嚴經》〈耳根圓通章〉提到觀世音菩薩的修行法門：「初於聞中，入流亡所。所入既寂，動靜二相，了然不生。如是漸增，聞所聞盡。盡聞不住，覺所覺空。空覺極圓，空所空滅。生滅既滅，寂滅現前。忽然超越，世出世間，十方圓明，獲二殊勝……。」

至沒有明顯的妄念時，心已經接近寂靜，就能有效地運用其他這些方法。沒有什麼規矩是一成不變的，有修行的話，甚至一開始就可以立即使用話頭或默照；只不過以呼吸開始，當心比較澄明、安定時再轉到其他方法，會比較容易。

話頭的法門有許多層次，譬如，「我是誰？」這個問題可以一直深入再深入，直到似乎沒有其他東西可以讓你用功。你也許認為話頭已經結束了，這時有些老師或學派會給你一個新話頭，但這是不必要的。你可以繼續深入，最後某些東西會再度打開，你會更深入話頭。你會再到另一個階段，似乎沒有東西可以用功，然後一個新層次又出現。你甚至可以一輩子用功於一個話頭，甚至到死的時候，可能還有更多的層次讓你去用功。

默照與話頭的不同在於：因為你開始時就一無所有，就不會達到沒有東西可讓你繼續用功，然後出現新層次的時刻。你只是不斷修行，繼續深入，而不會見到任何層次。

話頭其實是沒有意義、很無趣的，就像嚼棉花一樣——索然無味。對初學者來說，話頭就像這樣：拿著話頭用功，就像狗一直在嚼棉花，直到開始能品嚐到方法。用聰明才智來探索話頭是浪費時間和功夫，用聰明才智得到的任何答案都不是它。在努力用功之後，也許像是得到很深的體會，但那也不是它。我再用咀嚼的另一個比方：用功於話頭就像嚼米一樣，起初只不過是嚼外殼，那沒有營養，你也許認為已

經嚼到了營養的部分,其實沒有。在嚼穿外殼後,你認為:「我已經得到了!」但那只不過是開始。現在必須把米愈嚼愈細,但營養依然鎖在裡面。你繼續咀嚼,甚至到後來米好像不見了。這裡我必須放棄這個比方,因為其實修行的層次更深。你必須繼續,不但在米消失了之後,甚至要到你這個嚼米的人也消失。只有在成佛之後,修行才算完成。

臨濟宗經常要人用「無」這個話頭開始,但對許多初學者來說,這和數息差別不大。那只不過是「念話頭」,因為在那個階段欠缺一個必要的因素,也就是心裡真正的疑情。我們不是在談一般的懷疑,而是一種熱切的、毫不間斷的堅持,要達到問題的根源,但那個問題卻沒有答案。剛開始時就有這種疑情是很罕見的,而初學者只是把話頭像咒語那樣一直重複。只有在疑情生起時,真正的話頭修行才開始。「禪」這個字的部分意思就是參究或質疑。質疑或參究話頭是適當的修行,但我奉勸弟子從呼吸法開始,使自己的心收攝、集中,才去修習參話頭。

有些人就是無法使用話頭或默照,這往往是因為他們的氣很難讓他們的心穩定下來,讓那些方法受用。有一些方法是用來練心的——像數息、話頭和默照——也有一些方法是用來練身、練氣的。然而,身心是密切相關的,因此有時練心的方法會造成身體的反應。如果修行者學習適當控制自己的氣,修行會更平順。

　　氣平順、和諧運行時，身體的狀況就會穩定、強壯，心也會比較平靜，這是修行的好基礎。如果你的氣有問題，就試著放鬆，繼續修行，問題很可能自行解決。修行本身會幫著調氣，那也是為未來的修行打下堅穩的基礎。

　　氣有很多不同的感受：振動、癢、熱、冷、壓力、不通等。有時人們覺得是氣，其實不然。譬如，我勸某人暫時不要使用話頭這個方法，因為當他使用這個方法太用功時，會造成頭部的壓力，以致頭痛。這不是氣，而是真正的血液流到腦子裡。有時體熱是由氣造成的，但有時是來自其他地方。譬如，即使打坐也需要氣力，這會使你發熱。熱也可能以其他方式產生，禪定時，熱會升起，而且真的蒸發掉煩惱。我們都能使用這種熱。

　　常見的誤解就是努力用功和集中心力時必須緊張，用上許多壓力，這會使人心跳加速、血壓升高。如果過於集中心力的話，這些改變會讓你擔心，可能反而使你失去方法，也增加煩惱。因此，我總是說：「放鬆身心，只是用功。」那意味著集中，而沒有緊張或壓力。如果身體感覺不舒服，不要驚恐，只要放鬆。把注意力放在腳底或身體的重心，並且放鬆，氣就會平靜下來。當氣平順、和諧地運行於身體時，就察覺不到它，只覺得平靜、健康、機警、有活力，而不是緊張、坐立不安。

　　〈心銘〉說：「迷時捨事，悟罷非異。」迷惑的心是不

可能馬上放下煩惱的。修行的過程就是要在不同階段逐漸放下：首先，放下過去和未來；其次，放下周圍的環境；第三，放下前念和後念。

要放下前念和後念是很困難的，因為即使只有一個念頭，你還是會把它連接上過去、現在與未來。如果能把心停止，放下過去與未來，現在也就不見了，這就是無心。開悟後不需要放下，因為沒有什麼要放下的，也沒有什麼要提起的。

五、不在意得失

本無可取，今何用棄？
謂有魔興，言空象備。

外表看來不在乎得失的人可能是深悟，也可能只是漠不關心。有一座寺院裡的小和尚年輕時很懶，被逼著、罵著去上小學，中學時也一樣。高中之後他心不甘情不願地申請，進了一所普普通通的大學，他只做必須做的事，閑閑散散地修了課，四年後順利畢業，畢業後也不想做任何事。他十二歲就出家當和尚了，他的態度是：「我已經是和尚了，還在乎什麼？」

　　其實，他幾乎什麼事也沒做。他的師父要訓練他學會勤勞，卻有人對他師父說：「師父，你不該責罵他，他的行為符合開悟者的行為。他真正瞭解世上無事可做，是我們這些沒開悟的笨蛋，像沒有頭的雞一樣跑來跑去，為自己招惹麻煩。如果你不相信我們，就看《六祖壇經》，六祖慧能說開悟的人『憎愛不關心，長伸兩腳臥』，他可以休息。」

　　這些弟子有件事倒是說對了，這個懶和尚的睡功可是一流的。每天讓他只吃一餐沒問題，這在其他和尚看來可真了不得。但他很愛護自己的睡眠，比別人早睡晚起。他師父問起這件事時，他說：「師父，你關心自己認為重要的事，那不是我的問題。對我來說，那些都是瑣事，不值得浪費我的時間。」

　　這種瑣事包括了洗衣服。他的襪子穿了又穿，把它們翻過來又翻過去，直到受不了才丟。他師父在別人面前批評他時，許多弟子都護著他：「師父，你不該責罵他，他有他的理由、他的觀點。」

　　「那會是什麼觀點？」師父問。

　　「覺得必須洗腳、洗襪子的是你和其他人，但每個人都得這樣嗎？牛會擔心洗腳嗎？那是他的腳、他的襪子，不是你的。如果你認為他的襪子很臭，那是你的問題，不是他的問題。」

　　最後，這個和尚離開他的師父，後來也有了一座自己的

寺院。其實他的個性仁慈，很好相處，似乎沒有什麼可以煩擾到他。老太太們最歡迎他，也許她們現在會為他洗襪子。那麼，這個故事的教訓是什麼？也許他的師父這輩子都是傻瓜，無頭雞一隻。

其實，我告訴你們這個故事，是要顯示人們多麼容易就被別人的行為，甚至被自己的行為所愚弄。如果你仔細看事情，而且把意思翻轉過來，可以用經典來為自己的任何行為辯白。重點在於，如果這個和尚真有智慧，至少會有一部分被別人看出來。真可惜，因為他有某些好的特質——不執著於物質財富、個性隨和，這些會是修行的好基礎。而且，對被那種性格吸引的人來說，他有他的作用。

因此，當我說你來打禪七不是要得到東西、而是要失去東西時，我不是在讚揚懶惰的美德，我所說的「得」，指的是更多的執著和煩惱。漠不關心的另一端就是試著努力要控制智慧，進而得到智慧，但這只是製造期盼和焦慮。如果七天下來，沒有體驗到任何可說的事，你會認為你這次禪七失敗了嗎？如果那是你要的經驗，你可以在你家附近的電影院裡找到那些經驗。如果七天後你能說自己大部分的時間都用功於方法，那麼你就成功了。

也許你離開的時候，認為自己沒得到什麼，也沒有失去什麼，但我向你保證，這個禪七會對你有影響，你可能只是一時之間還沒有體會到而已。我只是要你好好利用時間和環

境，因為這裡的時間和環境就是設計來用在專注、沒有障礙的修行。如果你只想要在一個溫和、舒服的環境過七天，那是浪費時間。

維持良好紀律的人生是無價的，保持正念比金銀財寶更珍貴。如果參加禪七能灌輸你這些價值，即使只是一時間，你就不算浪費時間。你所要做的就只是修習你的方法。也許你心想：「維持紀律、保持正念，那不是得到什麼嗎？」對還沒有達到無心的人來說，的確依然有得失：得到智慧，失去煩惱；得到功德，失去業障；得到澄明，失去散亂。

如果你在一間黑暗的房間裡點火柴，你能說自己增添了光明，但在光天化日下點火柴，就不能說是增加什麼光明了。你基本上是無限的，但那只是在無心時，只要有心，就有限。無心時就沒有自我，因此也就沒有什麼可得到或失去的。但當你修行時，是在自我的黑房間裡開始。你修行是為了放下這個自我中心，完全放下時，就是無心的狀態，就沒有黑房間要照亮，已經是在光天化日下了。

佛法提供一些有關放下這個自我的指引。首先是發四弘誓願，尤其是第一個誓願，「眾生無邊誓願度」。當你愈來愈不去想到自己的欲望，而把注意力轉移到別人的需要時，自我中心自然會減輕，會認知其他眾生的存在，並試著以他們為先。同樣的，要承認並尊敬佛法僧三寶。

你也許會想：「我來這裡是要打坐的，不是要拯救世

界。如果我不先照顧自己，又如何能幫助他人，尤其是誓言中說到的無邊眾生？爲什麼幫助別人，而不是幫助自己，能減輕我的自我中心？其實，那可能使我心生憎恨、感覺悲慘，使我的自我中心更難受。」

有這些想法是自然的，當你剛開始修行時，四弘誓願和三寶是不自然的。其實，那些誓願就它們完整的意思來說幾乎是無法想像的。但我主張，即使助人的念頭乍看之下令人心生畏懼，它們還是值得你花時間。穿新衣服時，剛開始會覺得僵硬、不舒服。你知道這情況，而且覺得笨拙，後來開始覺得愈來愈舒服，直到它變成你的一部分，就像第二層皮膚一樣。修行久了之後，擁有深刻的體驗，就會瞭解爲什麼三寶和四弘誓願值得你尊敬。你對三寶、四弘誓願和眾生尊敬幾分，你的成就也就有幾分。

偉大的修行者可從他們的偉大貢獻看出。他們沒有自我執著，因此也是謙虛的。菩薩沒有自豪或自大，並不把自己看成是在幫助眾生，而只是在做三寶的事。在菩薩眼中，眾生是因爲他們自己的功德和行爲而得到解脫。我在拯救你嗎？我在解脫你嗎？是你努力修行，是你改變自己的態度，我只不過是在做三寶的事，而三寶恰好是我的觀點。如果你認爲欠我的恩，那是你的觀點。希望你也覺得欠三寶的恩。

其實，覺得欠我或欠三寶的恩不是一件壞事。沒有這種態度的話，你的自我可能會膨脹，充滿驕傲：「我打坐，我

學法，我引導自己通過修行的障礙，困難現前時我自己克服。」修行的目標就是要使我們擺脫對「我」的這種執著，我們愈能擺脫對自我的執著，就愈接近無得失心。

藏傳佛教噶舉派的第十六世大寶法王有一次參訪紐約長島的菩提精舍（Bodhi House），一位宗教教授向他展示他藏書中的佛經。法王不懂英文或中文，但他看到藏文經典時，就對它們頂禮三拜。隨侍的人說：「法王，您已經徹悟了，等於是佛陀，這些經典對您沒有用，爲什麼要頂禮？」

法王的回應又是頂禮三拜，之後他說：「其他人也許說我是佛，但我不是佛。」沒有佛法，我們就不知道如何修行。因此，三藏是佛的法身所遺留下來的。法王當然知道這點，所以對佛經如此尊敬。

「謂有魔興，言空象備。」〈心銘〉所說的魔是誰？是什麼？它們是不是頭上長角、尖牙利齒、舌頭分岔？你見過這種魔嗎？你心裡的魔是什麼？《楞嚴經》裡談到許多不同種類的魔。有些魔來自你的心，有些魔來自外在，即所謂的天魔。只有大修行者才會招來這些天魔，你不必擔心。你自己已經有夠多的魔讓你忙了，那些是你的心創造出來的魔。

魔有許多不同模樣。譬如，你打坐打得很好，突然心裡充滿了對伴侶的念頭，有時這些念頭強而有力，彷彿這個人就站在你面前。這些念頭，不管是眞是假，都是來自你自己心中的魔，這並不表示你念頭中的那些人是魔。當你回家

時，不必責怪他們，是你自己的心招徠這些魔，障礙你的修
行。

　　所有阻礙你的心理活動就是魔，它們不一定是恐怖的或
痛苦的，只要它們使你離開修行，就是魔。你必須倚賴佛法
來練自己的心，因爲佛法教的是佛陀的基本原則，如何修
行，以及採用什麼修行方法。因此，這種文字或描述，即使
是空的，依然有大用。

　　所有的佛法都是要幫助你減輕對自我中心的執著，你必
須先掌控自己的身體，然後掌控自己的心，不要讓身體來決
定自己要如何感覺。如果採取同一個姿態坐太久而覺得不舒
服，就把它想成是舒服的感覺，繼續修行。如果毫無緣由地
想打瞌睡，就告訴自己不疲倦，繼續修行，這就是掌控自己
的身體。

　　至於控制自己的心，就是妄念來時不理它。如果發現自
己已經迷失在妄念中，就把心收回到方法上。其實，每件事
都與心有關──妄念、痛、癢，甚至修行的教誨與方法。基
本上它們是空的，但對我們來說它們存在，因而一些教誨或
方法是很重要的。

第七次禪七

莫滅凡情

一、覺知而沒有情緒或執著

莫滅凡情，唯教息意。

　　這裡的「情」指的是念頭、夢想、感情、幻想和我們這個分別心的所有其他作用。心理活動是人的正常情況，不管我們從事日常活動、睡覺或修行，都一直跟著我們。畢竟，日常生活也是修行。有人修「只管打坐」好些年了，說自己用這個方法有困難，他認為修只管打坐時，心裡應該除了方法之外沒有念頭。我說，不管用的是什麼方法，除了方法本身之外不該有任何其他念頭。譬如，數息時心裡唯一的念頭

應該是呼吸和數數。修行人都知道,這個層次不容易達到。

如果透過修行達到沒有凡情的狀態,那麼不是進入深定,就是生起的念頭不再造成任何欲望或困擾。然而,這兩句詩偈指的是來自於自我中心的分別和執著的情緒。

要達到這些層次需要努力用功。糟糕的是,如果執著於定,這些感情就是凡心的產物。人們初次體驗到定之後,經常會渴望回到它,因而製造出新的障礙。有時在很短的一段時間 —— 也許只有幾秒鐘 —— 他們也許會認為自己沒有分別,達到了無心的層次。這個念頭可能會帶來很大的滿足和喜悅,但這是凡心。他們認為的無心,其實不是漠不關心,就是心不澄明,甚至連充斥心中的念頭都分辨不出。真正無心的狀態、沒有分別的狀態,就是能清楚覺知發生的事,但不產生情緒或執著。

我在鄉間主持禪七時,有時會讓禪眾在外面走動,教他們用眼睛和耳朵,而不用心思,但很少人做得到。有時他們達到中間的階段,所見所聞與平常的見聞不同,雖然他們無法解釋,但說樹、天空和別人看來有些不同。

我們打坐的一個原因就是要訓練自己體驗念頭,而不與執著相應。這是個漸進的過程,不是單線的從混亂到澄明,可能前一炷香很清楚,下一炷香卻被妄念吞沒。憎恨妄念只不過是增加自己的煩惱,念頭和煩惱來時,就把心放在方法上。煩惱心以許多不同的形式出現,因此要覺知,它可能是

「我的腳痛」、「我只是在浪費時間假裝打坐」，或「這感覺很舒服，我能坐上一整天」。

有次禪七，有個年輕人來到我面前說：「師父，我得離開了，如果再待下去，最後會殺人。」我問他想殺誰。

「你！我想殺的人就是你！」

這個人腳痛、背痛，而且自怨自艾，他所能想到的就是報復造成這一切的人，也就是我。

我就說：「好的，這容易解決。我給你一把刀，讓你殺了我。」

「這個嘛，」他說：「我現在不想殺你，而且我也不敢。」

「那樣的話，」我說：「回到你的蒲團上，繼續打坐。」

讓自己被念頭和情緒克服，只是製造更多的障礙。就讓它們通過你，而不要執著或厭惡。要學〈心銘〉這裡所說的，「莫滅凡情」，因為那是不可能的。你所能做的就是學著止息被這種凡常的心理活動所觸發的念頭。

二、達到清淨心

意無心滅，心無行絕。

　　這兩句詩偈描述的是念頭和心的關係。念頭是虛幻的，來來去去，被情緒和環境所觸發。反過來說，它們也為其他的念頭、言詞、行動架設舞台。凡夫的虛幻心和這些念頭互動。念頭止息時，滅掉的是凡常的、污染的心。純粹的、清淨的心是滅不了的，因為它不倚賴念頭，不是虛妄的。不必去思索污染心和清淨心之間的差別，因為這也需要用上念頭。我們陷入污染心的虛妄本質，誤認它為真的。我們以這種污染心來觀察世界、表達自己、產生情緒、採取行動。具有污染心時，就無法根據自己想像的純淨心來運作。只要倚賴這種念頭，就必須接受污染心的存在，而且要有信心：我們能達到清淨心。

　　禪七時，我們都敏銳覺知到自己的散亂心。我們也許會試著去分辨清楚的念頭和混雜的念頭，其實兩者並沒有真正的區別。在佛教中，念頭原本就是混雜的，不混雜的念頭就不是念頭，而是智慧──純粹、清淨心的運作。情緒和念頭原本就一直促使我們去思考、行動，因而創造煩惱。

　　人們來打禪七，因為他們知道自己被矇騙，那是個開始。不知道自己被矇騙的人，問題更嚴重。看看四周，我們所謂的「正常」世界其實充滿了被自己的顛倒妄想所控制的人，他們的念頭混亂、感情失序，他們東奔西跑，為自己和別人製造問題，禪中心之外就是觀察芸芸眾生的混亂欺妄的好地方。有位禪眾告訴我，她朋友擔心她的心理不健康，因

為她要來參加禪七。他們認為她需要去看心理醫師，把事情
釐清。你也許會笑，雖然我們可能不同意她朋友的解決之
道，但他們並不完全錯誤，因為我們全都深受矇騙。

念頭和心的差別在於念頭總是散亂的、混淆的，而心可
以被引導、集中、統一。我們從散亂心進步到集中心，到統
一心，到無心。

「意無心滅」這句詩偈似乎暗示能藉著擺脫散念達到無
心，但不是那麼簡單。念頭是意識、分別心的作用，可以是
散亂的或集中的。達到集中心已是很好了，而且是邁向一心
和無心的先決條件。但如果達到一心的層次，並不是就沒有
分別。就一般標準來說，一心的層次似乎沒有分別，但一心
依然有它的限制和界線。因為要一心的話，心必須和某件東
西結合。進一步說，要觀察心和某件東西結合，就表示依然
存在著某種程度的分別。因此，一心不可能是究竟的境界。

東方思想的原則就是「一」來自「二」，「二」來自
「一」，「無」是不能產生「有」的，這種觀念顯見於我們都
熟悉的陰陽符號。西方宗教說，神先於一切，創造一切。換
句話說，「一」產生其他一切；如果有人問，這個神從哪裡
來，答案是神在過去、現在和將來都是永遠自我存在的。但
佛法說，永恆不變的東西不能創造其他東西，也不能被其他
東西所創造。如果一件東西有能力創造出另一件東西，那麼
它本身一定也是被創造出來的。因此，一心並不是絕對的，

不能單獨存在，而是存在於某個框架中，就像陰存在於陽的框架，陽存在於陰的框架，沒有一個能單獨存在，也沒有一個是永恆或不變的。

晚課時，我們都唱誦：「若人欲了知，三世一切佛，應觀法界性，一切唯心造。」這裡的「心」指的是分別心，而「法界性」指的是無限的法或現象，每個法或現象各有特徵和界線。所有的現象都是由分別心製造出來的，分別心產生念頭和觀念，而這些導致更多的念頭、文字和行動。這些念頭、文字和行動變成善的、惡的、不善不惡的後果之原因，而我們必須處理並接受這些後果。這就是業——它創造出不斷改變的環境，我們就在這個環境中行動，而在行動時又創造出更多的業。因此，這種循環從一刻到下一刻，從一生到下一生，形成輪迴。

「心無行絕」的意思是當分別心停止時，就不會再犯下造業的其他行動，因而使人擺脫輪迴。禪七就是挪出一段時間試著放下分別心，也許這聽起來有些嚇人，人們認為自己的身分、存在和價值倚賴於分別心的存在。如果這個心滅了，你會是誰？你會是同樣的人嗎？你會記得自己所愛的人嗎？你能回到自己的正常生活、家庭和工作嗎？

不要擔心你會變成沒有思想、感情的白癡，禪七不是製造瘋子的工廠。從分別心產生的是混亂的念頭和虛妄的情緒，從無心的狀態產生的則是真正的智慧。釋迦牟尼佛徹悟

之後，依然認得自己的家人和弟子，覺知周圍的一切，否則我們怎麼會稱他為智者，人們又何必聽從他呢？

放下分別心意味放下執著。透過修行，你就能開始放下執著，開始體會解脫。你也許不會像佛陀那樣徹悟，但用無分別心打坐的每個時刻都沒有煩惱。〈心銘〉說的是崇高的目標，但我們必須從第一步開始：認真用功在修行的方法上。

三、真空與假空

不用證空，自然明徹。

〈心銘〉和所有佛教經典所談的空不是指虛無。由於這個誤解，佛教經常被認為是虛無的、悲觀的。「空」在佛教中意味著無常，也就是說，每件東西不斷被因緣改變的這個事實。

有次禪七我問某人：「你叫什麼名字？」

他回答：「我沒有名字。」

「那你是誰？」

「我不存在，那我又可能是誰？」

「你在哪裡？」

「如果什麼都不存在，我又能在哪裡？」

這個修行人說得沒錯，他很可能是體驗到那些感受和念頭。原先他沒有名字，是出生後別人為他取的。母親生下他，但出生前他並不存在，而且他現在成人了，顯然的確不是同一個身體。如果這樣的話，身體真正存在嗎？如果身體不存在，又怎麼能談身體所存在的空間呢？這些觀念可用哲學的方式來辯論，邏輯的方式來演繹，但它們不是開悟。沒有老師指導而修行的人可能會誤解這個意思，而認為自己開悟了。

人們有時會經過一些階段，在那些階段中，世俗之事看起來很乏味、不實在、不真實。在一次禪七之後，有個女子告訴我，她不要再被丈夫和孩子牽連。我問：「那你要什麼呢？」她說：「其實我什麼都不要，但如果想想的話，也許會考慮出家。」我說：「如果你出家，還是需要一位師父，而且將來很可能也會有弟子。」她回答說：「不，我不要那些，我只要出家。」我說：「如果你的態度如此，就沒有資格出家。」過了一陣子，她的那些情緒就消退了，她並不是體驗到佛教的空。

這些故事中的人顯示了假空。對真空或究竟的空來說，一切都存在，卻不執著於它們。《心經》說，構成自我的五蘊——色、受、想、行、識——是空的。那並不意味它們是幽靈或幻影，真正不存在的是我們所謂的「自我」。五蘊存

在，但沒有持久的、個別的、獨立的自性。直接瞭解到這一點──也就是說，透過開悟所得到的瞭解──就是體驗真空。

《金剛經》說，萬法如夢、幻、泡、影。我們可以辯論這個，而得到一些知性的共識，但那只是猜測罷了。譬如，牆因為堅固──就那個意義來說它是真實的，所以我們看得到、摸得到它，撞上去的話會傷了自己。然而，從佛教的觀點來說，它是無常的；它不是自己存在，所以不是真實的。科學家說，物質是質子、中子、電子組成的，但除非能直接體驗，否則也還是理論和揣測。心完全不執著於任何自、他的觀念時，自然會瞭解空的本性。

〈心銘〉說，「不用證空」──它不是藏在身外某處的寶貝，需要被發現或體驗。它是明顯的、當下的，本自具足、無所不在。今天稍早有人放屁，惡臭四溢，那也許表示某人消化不好，表示那人可能也不是坐得很好，但那是當時，現在是現在，現在不再有惡臭，只有當事情是空時，這才可能發生。我們認為實在的，其實本質是空。

〈心銘〉說，「自然明徹」。沒有執著、障礙時，心是澄明的，而且當下瞭解它的本性。這種澄明經常被比喻成光，但那是錯誤的類比，因為光不能穿透各處，有障礙時就是黑暗。開悟的澄明沒有障礙，那是心裡的澄明，而不是眼睛的澄明。這種澄明、光亮的心是無心，無執之心。

只要把色、受、想、行、識這五蘊當成是真的，就沒有真正的開悟。你是不是執著於身體、觀念、思維方式與感情？你知道有誰不執著於這些？這些是人類經驗的一部分，那也就是為什麼我們要修行，因為修行可以幫助我們看到空的真性。只要維持在方法上，執著就會一一脫落，漸漸的，你就會觀察到五蘊皆空，這時就會得到真正的自由。

因此，我們需要分別真空和假空。如果我先前舉的那些例子是假空，那麼真空是什麼？答案是：在真空裡，現象存在，但心不執著於任何東西。換句話說，沒有「自我」的觀念。《心經》說，形成我們現象界存在的五蘊不是獨立存在的，沒有可以真正被稱為「自我」的東西。

問：我想我瞭解一點，但並不多。您是說每件事就像原先那樣存在，但如果執著於一般看法，而不把它看成是一種幻象，就是迷失？

答：基本上那是正確的。老話一句，《金剛經》說，所有的法，我們認為存在的一切現象，其實都是虛幻的，就像泡、影一樣。

問：在我看來，佛教中最難的就是看到杯子就一般來說是真的，但同時它又根本不是真的，很難同時覺知到這兩方面。

　　答：當我們說某件東西「不存在」時，基本上是說它缺乏永恆的眞實性，它是無常的。我們必須時時謹記在心，否則就會認為現象和事件，包括我們的身體和身分，都是眞實的，但它們其實並不具有這種眞實性。

　　問：沒有東西眞正存在，一切物質只是能量或輻射——這個觀念在西方科學和哲學中也老早就存在了。我們有知性的資訊，但對這個眞理欠缺親身的體驗。如何能得到親身的體驗呢？我想那其實就是我們試著要做的。

　　答：心完全不執著時，這個經驗自己就會出現，因此不要把「空」想成是需要去體驗的外在事物。再說一遍，心裡沒有執著、沒有障礙時，自然就會有清楚的了悟。那時就能瞭解自性。這種情況發生時，有沒有什麼東西被觀察或看到呢？這種澄明不能比喻成日光或任何光。有陽光時，就看得到；陽光穿不透時，東西就在暗處。這裡所指的那種澄明沒有障礙，那不是肉眼看到的澄明，而是心的澄明，純粹覺知的心。

　　再回到我們的講解。我們說無心是沒有執著的澄明心。「自然明徹」這句詩偈警示我們有關體驗假空。人之所以還沒有解脫，是因為把五蘊當成眞正的自我。只須維持在修行上，執著就會一一脫落，就會逐漸體驗到澄明心，而且看到

五蘊眞空。那時就會得到解脫和眞正的自由。

　　你執著於自己的肉體嗎？你執著於自己的思維方式嗎？你執著於念頭和觀念嗎？克里斯的太太瑪利亞快生小孩了。他們想要有哪種小孩呢？克里斯很可能在想如何教育這個小孩，如何在基督教國家養育一個佛教徒。就像美國總統一樣，要考慮很多事情來治理國家。同樣的心態也適用於養育小孩。有很多問題需要解決，那並沒有什麼錯，但那是無心嗎？另一種態度又如何：「我才不在乎發生什麼，不管它是小狗、小貓或任何東西。」這是無心嗎？這也是不正確的。

　　然而，「這是『我的』孩子」這種態度也不太好。相反的，該把小孩看成一位眾生——或者更深入觀察，把他當成來到這個世界的菩薩或佛陀——而試著不要太區別你的孩子和別人的孩子。試著不要那麼執著於你認爲屬於自己的東西。父母想到有關小孩未來的問題，這是好事，但如果依照佛教的精神，也能關切與他們無關的小孩，那就更好了。

四、每個念頭都是生死

滅盡生死，冥心入理。

　　這裡所說的「生死」有兩個意思，以第二個意思更爲重

要。第一個意思就是肉體的生死。根據佛法，只要個人的業存在，業報就會以生死輪迴的方式示現。五戒和十善所造的業，能讓人出生在更好的地方，或重生於天界。五障、五逆或十惡所造的業，能讓人出生的情況比較不好，或重生於畜生界、餓鬼界或不同的地獄。

「生死」的第二個意思指的是心的生死；也就是，前念消失時，新的念頭生起，念頭分分秒秒生滅不已。由貪、瞋、癡三毒所產生的任何念頭都會延長心的生死，甚至「我要成佛」這個念頭也是由生死之心所創造的。渴望開悟，想要行菩薩道都是好事，但都還是欲望。

有弟子問馬祖禪師（七〇九～七八八）：「什麼是不生不死，不起不滅？」

馬祖回答：「我不知道，我只知道輪迴──生死之業。」

弟子問：「那麼什麼是生死之業？」

馬祖說：「想要成佛，想要開悟，想要成菩薩，想要修六度。」

我們想把自己從凡夫轉變成佛陀，這種欲望依然是生滅不已的心的產物。修行必須從這裡開始，但以這種欲望開始的人終歸要把它拋在腦後。慧能大師在《六祖壇經》裡說，我們開始修行時必須發四弘誓願。禪七時我們遵從他的教誨，每天誦念幾回四弘誓願，但打坐時不該有這些念頭。向蒲團頂禮時要發願，可是一旦坐下去，用起方法，就必須把

誓願放下，而讓它的力量加強並幫助你修行。進一步說，不要希望太多，像是發願坐到開悟為止；只要量力而為，像是發願要坐整炷香不動，或要坐到心智澄明為止。

同樣的說法也適用於參話頭的人。發願坐到疑情生起，也就是要回答話頭所問的問題那種熱切之情。即使已經有了疑情，也要發願坐到疑情把你團團圍住，變成一個大疑團。

其實，被疑團裏住時，會完全陷入其中，不願離開蒲團。這個大疑團是參話頭中必要的一步，否則那個方法就無法達到開悟。

許多修行人無法生起這種疑情，只是反覆念話頭。有些人生起疑情，但卻無法再往前。有時在這種疑情中的修行人會有散念，而把它當成是話頭的答案，甚至進而誤認為是開悟。參破話頭並不意味找到答案；它的意思是說，全身投入尋找答案時，把自我拋在腦後。

一次禪七有人用「我是誰？」這個話頭來用功，突然他站起來，走向我說：「我知道答案，我是菩提達摩畫像底下，那張桌子上的那顆小石頭。」

我說：「為什麼你不是菩提達摩，而只是小石頭呢？」

他回答：「這個嘛，我不知道。我只是用功修行，突然覺得要轉頭，轉頭時看到的第一件東西就是那顆石頭，因此心生一念：『我是小石頭。』」

不要笑，這也可能發生在你身上，這種反應是稀鬆平常

的。禪宗史上，人們一直在參話頭，書上也記載了師徒之間的對話。我們可以讀到弟子給的那些答案，文字或行動都有。多少世紀來，人們讀這些書，希望能洞徹方法。很多人給了同樣的或其他聰明的回應，但那只是虛擲時間，迴避修行。真相是：「沒有正確的答案」，真正用功於方法，到達沒有任何念頭的狀態時，就能看到自己的佛性，那才是唯一正確的答案。

現在我有個問題：有沒有個心看到佛性，還是無心看到佛性？如果能正確回答這個問題，就看到自性了。

五、無心，無境

開目見相，心隨境起。

我們鼓勵初學者打坐時睜開眼睛，比較不容易打瞌睡或產生幻覺。另一方面，有些人選擇閉上眼睛，因為環境會使他們分心。其實沒關係，因為妄念和幻想會生起，瞌睡也會來，環境有時也會使人分心。問題不在眼睛，而是在心。

許多人告訴我，打禪七時的幻想特別生動、美麗。有些人說，他們可以在面前的牆上造出一幅美麗的景象，進入其中，與它互動。我告訴他們，很高興禪中心能提供他們那種

娛樂，但最好還是集中於修行，善用時間。對喜歡沉溺於那種幻覺的人來說，打坐似乎有益，但在這裡那只是浪費時間。

如果打坐時睜開眼睛，就不要將焦點集中在任何東西上，也就是說，不要用眼睛來分別，或執著於妄念。在日常生活中，如果沉迷於一本書、電影或工作，就察覺不到其他東西，我要你把那種專心一意的精神應用在修行上，讓其他東西消失。當然，數息很可能不像讀小說或作白日夢那樣有趣，但那就是打坐被稱為修行的原因。

其他感官也一樣。有東西引起你注意時，不管是透過什麼感官，你的心就會陷於那種現象，心不再是你自己的，你也不可能成為心的主宰。聽到美妙的聲音時，耳朵希望貼近，其他的感官也是一樣。

在所有情況下，心都會被環境所引導或帶離。原本心不存在，但當眼睛看著某件東西時，心就生起；當耳朵聽到某件東西時，心也生起。然而，如果不用視覺，觀看之心就不會生起，其他感官也一樣。那也就是為什麼我要你們把自己孤立於環境之外，包括禪中心之外、之內的環境。藉著全心集中於方法，就不會注意周圍的東西，心也不會被感官所動搖，但你們都很清楚，這並不容易。即使能讓心脫離五官，還是有分別的第六意識，心繼續被記憶和念頭所帶離，被過去和未來所帶離。

　　廚師即使打坐，心裡依然在切菜，他的心在哪裡？母親即使打坐，心裡依然做著和小孩玩的白日夢，她的心在哪裡？在日常生活中喜歡做什麼，打坐時很可能心裡還在做那件事，喚起記憶，把你圍住。你們有些人在看電影，有些人在玩音樂，有些人在寫故事，有些人在運動，有些人在解決工作上的問題，有些人計畫度假，有些人在心裡重演上星期跟人吵架時是怎麼說的，又該怎麼說。我有沒有漏掉什麼？那是人類狀況的一部分，也就是為什麼我也鼓勵你們使自己孤立於過去與未來，使心靈擺脫分別的第六意識。

　　心原本不存在，它是透過與環境的接觸而生起。心不只要有環境，而且必須觀察到它，與它互動。如果沒有接觸、察覺、互動，心就不會生起。進一步說，如果沒有互動，環境也就不存在，心外無境，那是別人的環境，別人的現象。那時甚至連身體都不是你的，它也是別人的察覺、現象和環境。

　　打坐時，我們把心從環境抽回——從空間、時間、過去、未來抽回，如果能有效孤立自己，心就不會生起。那時，我問你：「你的心在哪裡？你的心是什麼？你是誰？」

　　你也許會堅持說，客觀的環境必然存在，不管人是否認知它。但如果有客觀的環境，就必須也有主體。沒有他人，自己是不存在的。這是不是意味著，當你快步經行時，如果你的心停止，而且走到房子一頭時忘記轉彎，就會直接穿牆

而過？不，重點是，如果心停止，你很可能就不會繼續走動。達到這個階段的人，在經行時倒下也不稀罕。

我之所以說「很可能」，因為有些人在心停之後繼續行走，他們的身體因為慣性而繼續行動。拜佛時達到同樣專注的層次時，也會發生同樣的事。有些人在動作中停止，有些人會繼續有節奏地動作。

「停心」也在禪定中出現，但禪定有許多層次。雖然禪定中的人可能不會覺知到時間，但其中也有過去與未來。因為可以出入於不同層次的禪定，而且因為打坐的人依然有個自我在反應，所以現在依然存在。因此，不能說在禪定中自我、過去和未來消失。在一心的狀態中，主體、客體依然存在，只不過主體已經擴大到包括其他一切。在禪定中，不知道外境；但在無心的狀態中，清楚覺知外境──現象依然存在，但自我執著已經消失。透過打坐，我們要達到心不生起，無心時，就無我。如果那種狀況無限延長，我們就說此人已得到解脫。

禪宗的兩個宗派，臨濟宗與曹洞宗的方法不同，但目標一致：達到心不生起的境界。曹洞宗用默照，在默照中禪修者「只管打坐」，直到所有的念頭消失，心不再生起。臨濟宗用話頭來集中心，製造疑情，然後把所有念頭爆掉，讓心不生起。打坐的人堅持要參透話頭，就像蚊子想叮鐵牛一樣。如果蚊子堅持不懈，它自己終究會消失，就像辛勤參話

頭的修行人一樣,自我意識也會消失。

　　知性上,這聽起來都是可以理解的、合理的、甚至做得到的,但並不容易。從自我的觀點來說,就像要它自己去死。如果心就是自我,就像要自我去死,你願意死嗎?如果你說願意,那麼修行就不成問題,開悟就在眼前。但說來容易,只思考而不行動,就只是空口說白話。我再問一遍:你們願不願意為了開悟而去死,因為那就是代價。

　　當然我所說的是自我之死,是對自我的執著之死,而不是身體和生命之死。自我死時,你還是在這裡,世界還是在這裡,你的生命還是你的生命。除了自我執著消失之外,其他一切都沒有改變。但當你站在開悟的門檻時,這些話並不提供任何保障和安慰。要進入禪門,必須放下身心,就你的自我而言,那意味著死亡。

　　修行是逐漸放鬆我們對世界和自己的執著,禪七時我們密集修行,在控管良好的環境下使用方法。在日常生活中,我們依然可以修行、打坐、維持正念。這不表示要切斷你和環境的關係,撤回五官的感受。你依然能覺知一切,欣賞美、避開危險等。如此的修行就是讓現象(客體、觀念、感覺)來去,而不攀附、執著或沉溺於它們。打坐也一樣——不要藉著壓抑或否認來處理念頭和情緒,只要單純地觀察它們來來去去,就像風一樣。你沒有選擇的餘地,只要你是煩惱眾生,念頭和情緒就會生起。

第八次禪七

———

心處無境

一、體驗心與境

心處無境，境處無心。
將心滅境，彼此由侵。

「心處無境，境處無心」這兩句詩偈描述的是深刻的修行層次。我們通常都覺知外境，並與它互動。噪音、視覺、味道都會影響我們的念頭，因此，我們心中也存在著內境。修行者體驗心與境的方式可以有三個層次：在第一個層次，心與境是對立的；在第二個層次，心與境是分離的；在第三個層次，境中無心，心中無境。

　　在第一個層次，也就是我們剛開始修行時，心不是被境所吸引，就是排斥境。如果你肚子餓，鍋鏟聲可能會突然變得很大聲，而且縈繞不去，炒菜的香味濃烈得讓你以為廚師就在身邊。在這種情況下，炒菜的聲音和味道就是你的境，而注意到它們的就是你的心。如果腿痛，痛就是你的境，而注意到它的就是你的心。凡是吸引你注意力的就變成你的境，不管那是不舒服、瞌睡、自己的動作或任何事。如果你愛睏到連這些都注意不到，這時對你就無境可言。但當你警覺到一切時，你的覺知就變成你的境，那就是心、境對立的意思。

　　由於修行是從這第一個層次開始，所以必須挑選一件事來集中你的心，使心安定下來，這就變成你的修行方法。如果堅持下去，它就會變成你的境。如果散念侵入你的方法，散念就變成你的境。因此，開始修行意味著學習控制自己的心境，不被無休無止的妄念之流沖走。

　　到了第二個層次就沒有境，只有心存在。只有當六根和六塵接觸，產生六識時，才有境。六根是眼、耳、鼻、舌、身、意；六塵是色、聲、香、味、觸、法；六識是眼識、耳識、鼻識、舌識、身識、意識。六根接觸到外在世界時，分別心就在觀察，產生六識，境就現前，但心的活動——思想、感覺、記憶——也是境。人可以從外在環境孤立出來，卻依然與記憶、觀念、感情所創造出的內心環境互動。打坐

的人都知道，內心環境可能比外在環境豐富得多，更引人分心。因此，只要還有分別的念頭，心就還沒有與境分離。

淺定中依然能體驗到光線和聲音，如果它們依然存在於心中，那麼心與境就沒有分離。在更淺的禪定中，能體驗到天界或佛陀的淨土，充滿了美妙和光采。這是喜悅的經驗，但不是心、境分離。必須達到更深層次的禪定，境才不存在。

在更深層次的禪定中會感覺到解脫，但這表示有人能被解脫，因此心依然存在。即使如此，這些深層的專注相當於一心的最深層次。至於禪定，禪談到不同層次的統一心。最淺的就是身心統一，深一點的是內外統一，最深的是時空統一。即使在第二個階段，人感覺到與宇宙統一，但依然有普遍感。雖然不再分別心與境，但境依然存在，因此二者依然沒有分離。只有在時空統一時，才真正體會到心、境分離。

「心處無境，境處無心」描述的是禪的無心，在這種情況下，不執著於自我以及貪、瞋、癡的煩惱。黃檗禪師（卒於公元八五〇年）說過類似的話：「我在，境在，但境與我無關。」這個層次不容易達到。如果我痛罵你，你會不受影響嗎？你會認知我的文字，而不受干擾嗎？我們很容易就被外境和內境動搖，因此必須從第一個層次開始。

〈心銘〉接著說，「將心滅境，彼此由侵」。因為初學者容易被外境分心，便會試著對抗：「那些可惡的喇叭聲！」

「那個氣味很好聞。」「坐在我旁邊那傢伙動個不停。」如何
處理這些外在現象呢?如果把它們看成干擾,它們就已經影
響到你了。把它們關在心外,只不過使情況更糟。你不但沒
有放鬆,把注意和力氣集中在方法上,反而更緊張,用氣力
與自己的感官和念頭作對。那時,即使最小的聲音和動作都
會使你分心。

　　要使境消失,就不要注意它,不管那是愉快或不愉快的
情況。有些人試著要抗拒環境或排除妄念;有些人對自己失
去信心,乾脆放棄,這兩種反應都是讓境影響你。忿怒、挫
折、歡樂、厭煩、喜樂種種反應——不管是對你的環境,或
對你的修行——也意味著已經讓境影響到你。解決之道就是
只注意方法,讓所有其他的情況、念頭和感情隨意來去。

二、幡動?風動?心動?

> 心寂境如,不遣不拘。

　　心不動時,境也不動——雖然境「如」,但它和心依然存
在。換句話說,只要有心,也就會有境。有一種深定是只有
心存在,但禪並不提倡為此而修行。禪的目的就是要了悟智
慧,但智慧若要發揮作用,心和境都必須存在,因為清淨心

來自環境。

〈心銘〉說到「境如」時，並不意味境停滯不變。一切依然存在、流轉，但因心不執著，所以反映心的境也不動。《六祖壇經》中有一個故事就提到這一點。六祖在寺門前遇到兩個和尚在爭辯風中飄盪的幡。一個和尚說：「是幡在動。」另一個說：「不，是風在動。」六祖打斷他們的話說：「既不是幡在動，也不是風在動，而是你們的心在動。」

常識告訴我們是幡在動，而風也使幡動，六祖顯然知道這點，但他看到了幫助這兩個和尚的機會。對有修行的人來說，幡在動或風在動這件事根本與他們無關。

南宋末年外族入侵，消息傳到村莊，村民都嚇得逃跑了。就在大家慌忙逃命之際，有個叫祖元的和尚說：「如果命中注定該死，我就會死；如果命不該絕，我就不會死。」於是他待了下來。

大軍來到寺廟時，將軍問和尚：「如果你還在這裡，就表示你不怕死，果真如此，我殺你就沒關係。」

和尚說：「珍重大元三尺劍，電光影裡斬春風。」

對和尚來說，將軍要不要殺他的決定就像電光中的春風一般。他的心真的不動，不受境的影響。

要達到這個層次的修行極為困難，卻是有可能的，而且透過修行會逐漸、自然地發生。只參加幾次禪七是不可能達到這個層次的，但至少我們可以開始學習盡量不被周遭發生

的事所影響。譬如，打坐時如果旁邊有人走過、笑、哭、大叫或挨香板，都不該受到干擾。

上星期晚上打坐時，有人大聲敲門，而且一直按門鈴，打破了我們的沉靜，最後南西去應門。有個塊頭很大的男人，口中說著粗話說要進來。雖然南西似乎有些害怕，但並沒有過度反應，當時我也在打坐，抬頭看到每個人依然在打坐。有些學員也很粗壯，但沒有人作勢要起來。對我來說，那是修行得力的好現象。最後是我坐不住了，就起身，要我們之中塊頭最大的人去幫忙。這時，他冷靜地起身，走到門口幫助南西安撫那個人，說服他平靜離去。

修行總得從某個地方開始，而不被環境影響是個好開始，但這不是不動的心，如果是，不動的心就會是死去的心。真正開悟的人依然照顧日常事務，但心不受外在環境影響，不會產生情緒或煩惱。

「不遣不拘」是什麼意思？大多數的時候，人們想要排遣自己不喜歡的，抓住自己喜愛的。在這兩個情況下，心都為境所動。如果心不動，迎、拒的念頭就不會生起。今天小參時有人問我，為什麼我要人放下好的感受和經驗。想要抓住好的經驗，會使好的感受離開，保持好的感受的最好方式就是不執著於它們，舒服或不舒服的感覺只不過是你環境中的不同面向。凡是動搖你的，不管是昏沉或散亂、痛苦或喜悅、焦慮或寧靜，都只是你環境的一部分。

　　因此，我要你們既不執著於好的經驗，也不要排斥壞的經驗，只是接受、放下。對開悟的人來說，沒有排斥或拘泥可言。他們可能失去心愛的人，房子塌了，好運消失了；也可能有心愛的人，也積聚了許多財富，但不管是任何情況，他們都不受影響，我們不能期盼短期修行就達到這個層次。在這裡，人們經常抱怨腿痛、腰痛。的確，疼痛很少是舒服的，但開悟的人會說，那跟他無關。痛是「如是」，如此而已，但如果我們有業障，就會因痛而苦。

　　有一則現代的故事，有個居士被惡棍打得幾乎要死，但心中既不懷恨，也沒有憎惡，反倒說：「老傢伙惡業太多，也許挨一頓打能消消業。」這人是個好例子，顯示學到不執著於任何事。打坐時，不要被發生的任何事所動搖，不要抓住任何事，也不要排斥任何事。

心隨境轉

境隨心滅，心隨境無。

　　修行有三個階段，在這些階段中，心和境的關係會改變。在第一個階段，心隨境轉。在第二個階段，境隨心轉。在第三個階段，就像這兩句詩偈所描述的，「境隨心滅，心隨境無」。這兩句詩偈說的是同一件事。

　　心的第一個階段──心隨境轉──是我們大多數時間的情況。當我們的心被現象、美景或溪聲所轉時──是心隨境轉。我們認同這些現象，以致被它們所轉或影響。如果現象很有影響力，我們會沉迷其中，暫時失去自我認同。在修行中，可以用此得益。使自己沉迷在方法中──不管是話頭、數息或經行──就像讀一本令人著迷的小說那樣，讓你的心完全認同由你的方法所創造出來的境。

　　很多修行人抱怨腳痛和腰痛使他們無法專心，不得好好修行。如果你覺得這是無法克服的障礙，那麼就利用你的境，把觀察你的痛當成方法。如果這麼做，等到你與它完全認同後，疼痛就會減輕，這是很好的初步修行。

　　有些人打禪七幾天之後依然受妄念的困擾，這可能導致挫折感，使問題惡化。如果無法靜心，試著把平常的方法放下，轉而留意自己的妄念，看看哪些妄念最盤據你的心。也許它們跟你的工作、伙伴、小孩有關。

　　有個學員心裡一直想著她四歲大的女兒，我要她把女兒當成她的方法，一次又一次地想：「我有個四歲女兒，我有個四歲女兒……」如果這有幫助的話，就跟念阿彌陀佛聖號一樣好。而且，隨著她愈來愈認同這句話，打坐中對女兒的執著就會逐漸減輕，也許最後會消失。我覺得你們之中有許多人也可以考慮運用這個方法。

　　如果讓現象把自己扯離焦點，就會失去澄明和對意識心

的控制。與其沉溺於刺激中，不如讓環境來幫助你集中，也就是選擇一個現象，把它當成你的方法。

境隨心轉

第二個階段，境隨心轉，顯示心的力量可以很強。心力強的人能影響環境，當老參帶著問題來找我時，我經常建議他們運用心力來協助改變自己的情況。就像打坐一樣，認真才看得到結果。

大修行人能用自己的心力來改變其他人的心態，但他們通常不會這麼做，因為可能弊多於利，這會使人害怕，因為他們會認為自己被洗腦了。

在台灣有位女士問我，能不能影響她丈夫停止外遇。我告訴她，如果她願意的話，我可以跟她先生談，但我沒有任何力量來改變他的心意或行為。但她丈夫從沒有來見我，因為他害怕我會對他有某種影響力，而且他並不願意停止外遇。然而，如果我真有那種力量，不管他來不來見我，我都能影響他的行為。如果我真有那種名聲的話，就永遠也不能休息了。

更重要的是如何以心來影響境。譬如，一個修行人可能每次見到另一個修行人時都會被干擾。他可以告訴自己：「她不是真的，只是個影子。」客觀來說，境沒有改變，但

他已經改變了自己對境的態度。而且，又有誰去決定「客觀的」環境是什麼呢？

我們能運用想像來改變自己對環境的觀感，像是把對手當成幫助我們修行的菩薩。在這種情況下，我們會感恩，而且把所有的現象和關係都看成是在幫助我們修行。不清淨的心使我們執著，進而使我們喜歡或不喜歡某些事。同樣的，我們可以運用想像來改變自己對那些現象的反應。如果坐了一會兒腿就痛，可以告訴自己：「從現在開始，任何時刻痛都會減輕，我的腿會覺得很好、很清涼。」這也許看來像是自我欺騙，但其實是自我暗示，而且可能會管用。在改變自己的心和態度時，也改變了環境。

總之，處理困擾，尤其是處理突然出現的困擾，最好的方式就是放下。如果被門鈴驚擾，所受的干擾應該只有很短的時間。如果門鈴不響之後還執著於那個干擾，那就是讓環境影響到自己。

當心止息時

心與境的第三個階段就如同「境隨心滅，心隨境無」這兩句詩偈所描述的，心滅時，境也滅。相反的，境消失時，心也消失。佛法提到兩種心：一種是煩惱心和分別心，另一種是清淨心和智慧心。

　　但這裡有個兩難，如果佛法提到清淨心，那麼境消失時，為什麼它也會消失？佛陀也提到兩種智慧：根本智和後得智。根本智是不動的，在任何情況下都不生不滅。相反的，後得智是根據眾生的需求而生起。境生起時，後得智也生起；境消失時，後得智也消滅。後得智之所以生起是為了幫助眾生，如果沒有需求或沒有眾生，就不會生起。

　　智慧並不總是像人們所想像的那樣，而開悟者的回應也並不總是相應於眾生的欲望和期盼。我舉自己人生中的兩個小故事為例，說明禪師的外表和行為不一定像偉大的修行者，人們經常被他們的外表或行為所愚弄或覺得失望。

　　我有兩個法源，其中之一的靈源老和尚就是這樣的人。即使他八十多歲時，都沒有一些人們認為人師應該有的行為，但他卻是大師。靈源老和尚看起來就像尋常的和尚，也許還有些癡呆，講話時也讓人覺得有些笨拙，因為他並不是口若懸河、善於表達的人。他晚年時，我幾次到他的寺裡拜望，他的一些弟子把我拉到一旁說：「聖嚴法師，為什麼你不教我們？」

　　我就回答：「你們這裡就有一位大師，為什麼要我教你們？」

　　他們就說：「他看起來有點笨笨的，而且什麼事情都不知道。」

　　我就告訴他們，由於他們的期盼和先入為主的觀念，使

他們錯失了大好的機會。我告訴他們一個故事：大約三十年前，靈源老和尚和其他九位地位崇高的和尚應邀為新受戒的比丘和比丘尼主持受戒典禮。其他九位和尚穿著法衣，由侍者隨侍，只有靈源老和尚沒有侍者，隨身只帶著一只襤褸的小布袋，裡面放著出門要用的東西。他沒有從大門進來，而是走旁門。

午餐時，每個人都就座，就是沒人找得到他。最後，有人從廚房出來說，那裡沒有什麼人，只有一個老和尚要了一些剩飯剩菜，他們就給了他。大家進去廚房時，發現那位老和尚就是靈源老和尚。廚房裡的和尚尷尬得不得了，對老和尚說：「罪過罪過，我們不知道您是誰，您怎麼會到這邊來要剩飯剩菜呢？」

靈源老和尚說：「那有什麼關係，這些食物對我來說已經夠好的了。」其實，他是位大師。相反的，我知道有些法師很有群眾魅力，舌燦蓮花，但他們的行為或對佛法的觀念卻有問題。

第二個故事：有一次有個加拿大人打電話來說要待在我這裡，好親自觀察、驗證他從別人那邊聽到的。我說：「不，最好不要，我是見面不如聞名。」但那人非來不可，終於就來到了禪中心。

我問：「你認為我可以教你什麼嗎？」

那人顯然不懂我的意思，因為他在禪中心待了幾個小時

之後就開始抱怨。

「爲什麼你不教我些什麼呢？」

我說：「如果你要在這裡待一陣子，那很好，但我沒有什麼好教你的。我吃飯時，你就跟我一起吃，我做早晚課時，你就跟我一起做早晚課，我睡覺時，你就去睡覺。這就是我所做的。」

原先他有意待一個星期，但第二天就離開了，他很可能認爲我沒什麼好給他的。對他來說，我想的確如此。

我絕對沒有暗示靈源老和尚或我已經開悟了，這些誤解在每個層次都會發生。因此，雖然後得智可能每天在你周圍示現，但你可能認不出。

三、寧靜的心

兩處不生，寂靜虛明。

心與境都不生起時，就是寧靜和無限的光明；煩惱消失，智慧現前。對凡夫來說，境與心是並存的兩個極端。對開悟的人來說，智慧現前時就沒有心，沒有煩惱，也沒有境。智慧不是分別心的產物，因爲分別心以二元的方式來劃分「人」與「我」。當心分別彼此時，總是會有煩惱。相反

的，智慧只是以不二的方式映照，因此不會生起煩惱。

人們判斷這個好、那個壞，這個美、那個醜。我們是根據什麼標準來下這些判斷和其他無數的分別呢？我們個人、主觀的判斷有多可靠？那是不是根據舉國同意的標準，如果不是，那麼是我們錯、他們對嗎？多數人的意見或共識是不是就代表一件事是真實或正確的？

美國的司法制度所根據的前提是：除非證明有罪，否則就是無辜。當然，這個系統就像任何系統一樣，都是有毛病的；有時無辜者遭到懲罰，所謂的罪犯卻逍遙法外。重點在於，美國的系統是這個國家裡大多數人同意的。但有些國家的司法制度根據的是相反的前提：除非證明無辜，否則就是有罪。哪個對呢？

這裡我們藉由兩個極端的觀念來思考一個議題。也許找得到一個大多數人同意的議題，卻可能與另一個時代的觀念矛盾。到頭來，只要有立場，就不可能有絕對正確的判斷這回事。只有相對於不正確，正確本身才能存在。

只要心與境對立，觀感與判斷就永遠不可能完全可靠或真實，而在這個過程中也就會有煩惱。不但個人如此，家庭、國家、哲學和宗教也都如此。歷史上，政府和宗教根據自己的標準制定倫理和法律，因而影響了人們的思想、語言和行為。這些沒有一個是絕對正確、可靠或不變的。佛教是這種制度之一，但它體認到自己的限制。佛法的教誨和禪的

修行尋求使我們脫離二元的心態。只有在心擺脫分別、對立時，煩惱才會消失，而進入安詳寧靜。

在安詳寧靜的狀態中，煩惱不生起，不分別客觀、主觀。在這種禪的心態中，只有自然的現象和自然的存在，要達到不分別的狀態，必須先從分別開始，這就是我們所知道的一切。在開始修行之前，必須在傳統的觀點中盡可能地分別善惡。一旦人們開始遵循佛陀的原則，就能分別什麼是佛法，什麼不是佛法，然後必須決定要不要修行。再進一步，還必須決定遵循哪個宗派，使用哪個方法。

略知佛法的人也許認定沒有必要修行，他們引用幾位祖師的說法來支持自己的信念，其實只是自欺欺人。認為不要某種修行或方法就能在佛道上進展的人，是不切實際的。

有一次，一位居士來到我們台灣的寺院裡，他顯然喝醉了，嘴上還叼著一根菸。我走上前說：「你知道不能在這裡吸菸，顯然你也喝多了，為什麼不回家，明天再來？」他激烈反對，還說禪教導我們任何法都是佛法，佛陀和眾生沒有分別，酒醉和清醒沒有分別，彼和此沒有分別。他責怪我沒有遵循佛法的原則，還說我太執著了。我對他說：「好的，那麼我叫弟子把你的衣服扒光，把你的錢全拿走，你就可以來去自如，可以嗎？」

這人被我激怒了：「你以為你是誰？我的錢是我的，再說，如果你拿走我的錢和衣服，我要怎麼回家？」

我說：「你才剛責怪我執著，所以我以爲你沒有任何執著，因爲傳奇的寒山大師從沒擔心過有沒有衣服穿。」

這時，那人開始瞭解我想說的是什麼，因此我再說一遍我們寺裡規定不准吸菸。他還是不喜歡，但至少離開了。那個人對佛法瞭解不多，沒有適當的修行觀念。顯然，他從某個地方聽到禪修者應該沒有執著，便扭曲這些觀念來證明自己的信念和行爲是對的。那也就是爲什麼在剛開始時必須分別什麼是適當的佛法、什麼不是，以及什麼是正確的修行之道。

為自己和他人設定合理的標準

不要高估自己，要認清自己是凡夫。如果期望自己的言行舉止像聖人一般，是注定要失望的，你也許會因此認爲佛法和修行不適合自己。同樣重要的是，不要對別人期望過高。在我先前所說的故事中，那個醉漢期望我符合他的行爲和無執的標準。如果我遵從這個人的看法，就會認爲自己吸菸、喝酒、吃肉、結婚都沒關係，那我就不再是和尚了。

只要我們是凡夫，就應該用凡夫的標準。即使是聖人，在與凡夫相處時也該用他們的標準。因此，最好爲自己立下合理的目標和標準。如果標準過高，到頭來會失望，可能會放棄修行。如果對別人設定的標準太高，就找不到或不相信

任何人是好的修行者或好的老師，就無法從任何人學習。

今天有人差一點離開禪七。他告訴我說，當他看到每個人打坐都坐得很好時就很失望，覺得在浪費自己的時間和我的時間。我說：「你看別人，認定他們修行得很好，說不定別人也看著你，認為你修行得好呢！」這個人的標準和期盼不切實際。他認為好的修行是什麼呢？

佛道上的嬰兒

要記住我們是凡夫，是佛道上的初學者。我們就像學走路的嬰兒：站起來，搖搖晃晃，摔倒；站起來，走幾步，又摔倒。我們因挫折而哭泣，看看四周有沒有任何人在注意，我們爬起身來再試。有些時候比較好，有些時候比較差，但到頭來還是有進步，終至變得更容易、更自然。當你來打禪七時，不要把自己想像成是來受訓參加奧林匹克競賽的世界級運動員，相反的，要把自己想像成才剛開始在爬。

我們開始修行時，必須要做一些分別。必須認清自己只是眾生，不是開悟的大師，更不是佛陀。也必須認清，自己是在修行的開始階段。我現在告訴你們要分別，因此顯然你們當中沒有一個人已經達到上面兩句詩偈所描述的階段。如果真正到了心、境兩不生起的層次，就不需要打坐，我也不需要開示了。其實，如果你到了這個層次的話，就沒有我在

這邊講話了。要接受我們是學著爬行的初學者，而每走一步都更接近目標。

四、遵照佛法就是菩提道

菩提影現，心水常清。

在佛教中，「菩提」有多重的意思，有時用法與「道」相同，但也可意謂「道的目標」。這個不該看成是矛盾，因為我常說，過程本身就是目標。對沒有開悟的人而言，人們告訴他有目標可到達，但對已經開悟的人、已經瞭解道的人來說，道是不存在的。

「菩提影現」指的是在菩提道上的修行。離開修行，就沒有菩提，就像沒有身子，就沒有影子。所謂「修行」，我的意思不只是打坐、拜佛和所有所謂正式的修行活動。凡是專心一意做的事，而且符合佛法，就是遵循菩提道。另一方面，對已經開悟的人、已經瞭解道的人來說，並沒有菩提，因為不再有任何明顯的努力，也沒有任何自己在修行的觀念。只有對那些決定遵循菩提道的人來說，菩提才出現。在遵循這個道路時，修行就會深化，道路就會愈來愈寬，直到完全消失，這就是了悟菩提。這時，不再有「影」，因為沒

有什麼要映照的。

　　有個弟子告訴我，他有時覺得自己在進步，有時覺得自己在退步，不覺得自己的修行平順、持續。但他一再參加禪七，而且每次禪七對他似乎都有幫助。這種人就是已經品嚐到修行的好滋味，而且正走在菩提道上，否則就不會有心繼續。另一個弟子總是無法拋下妄念之流，但幾乎每次禪七都到，像這種人已經接受了法，而且有強烈的決心要行菩提道。他們很清楚知道，自己來的時候帶了很多日常生活和修行上的問題和幻想，也知道自己獲益，而且會繼續獲益。這種態度是修行的良好基礎。我更關心的是那些來參加禪七而自認沒有什麼問題的人，這種人是完全混淆的。

　　「心水常清」這句詩偈說的就是這個問題。如果心相對上是清的，生起的問題就比較容易發現，就像在清水中能看到底、魚、石頭、泡沫、水生植物一般。但如果水像黃河一樣混濁，就什麼都看不見了。

　　在比較澄清的水中的人，比較知道自己的問題，進而瞭解修行的必要。自認為沒有問題的人比較驕傲，我甚至在僧團中都看到有些人自認和佛陀、菩薩和聖人相當。有位和尚年輕時跟著我學習、修行，不久前來拜訪我。他是個好人，但我馬上就知道他遇到了障礙，因為他說：「師父，我還該不該向你頂禮？」出家人照例會向過去和現在的法師頂禮的。

我回答說：「不，不需要。」然後我說：「過去幾年來，你的修行一定大有進展。」

那位和尚說：「是的，我的確有很多體驗，而且那些體驗都不錯。」

我問他用的是什麼方法，他回答說：「我跟別人學的方法結果都沒有用，到頭來最有用的是我自己發明的方法。」

我說：「既然你已經發現了新的修行法，我猜想你準備成為祖師了。」

他說：「那有什麼不對？畢竟，釋迦牟尼佛不需要另一個佛來幫他開悟。」

我改變話題說：「你這個時候來看我，有什麼特別原因嗎？」

那個和尚回答：「不，沒有什麼特別原因，只是來看看你的修行層次是不是更高了。」

我說：「既然你來看我，我就該說幾句話。首先回答你的問題，我沒有任何更高的成就。但你的情況很糟，已經陷入自己的幻境，而且是在我們所謂的魔的影響下，我不羨慕你的地位。」

當然，他不喜歡我所說的，就離開了。過沒多久，我聽說他離開了僧團，回復在家人的生活，這就是人心混濁的一個例子。在這個特別的例子中，混濁來自於那個和尚非常執著於要有成就。由於想要得到某種東西的強烈欲望，使他落

入了這種幻境。你們最好要注意這個故事，提高警覺，才不致落入相似的情境。

「心水常清」可從兩個層次來理解。第一個層次就是清楚瞭解自己的煩惱，第二個層次就是徹底的開悟。在第二個層次，水真的常清，水中沒有底、沒有岸、沒有水面、沒有混濁，除了水之外，其他什麼都沒有，甚至連水的感覺都沒有。這裡，水指的是智慧的力量，而且像水一樣，這種智慧無所不在。那就是佛陀的智慧，一個不再有主客之分的層次。

即使第一個層次也不容易達到。雖然我們很多人知道自己有問題和煩惱，但這和說我們清楚察覺到煩惱生起是完全不同的一回事。只有在見到自性時，這種澄明才會出現。當然，這種能力不像電燈開關，說開就開。我們修行時，逐漸變得更覺知自己的煩惱生起，注意到自己從來沒想到會有的煩惱。當修行深化時，這種覺知也會深化。最後見性時，只要繼續修行，這種技巧就會變得很高妙。

智慧沒有什麼要顯示的

> 德性如愚，不立親疏。

如果你得道，心與佛性相應，並不必然意味著別人會認

為你有智慧、有群眾魅力。其實，在別人眼中，你可能看來像個傻子。佛性與純淨不動相應，但如果純淨不動，就沒有什麼可顯示的。如果一個人的心與佛性相應，他在群眾中就不會顯眼。社會所認為聰明、有群眾魅力的，只是表面上有智慧。就世間智的說法，有所謂「大智若愚」，如果世俗領域中都已如此，對已經得到佛性智慧的人而言更是如此，這種智慧沒有什麼可顯現的。

「不立親疏」中的「親」指的是你所喜歡的、親近的對象。「疏」指的是與你不太相干的。證悟菩提的人視一切法平等無二，不分別高低、優劣、遠近。

不久前有人對我說：「我聆聽了很多您的開示，您總是說佛法沒有分別，把一切視為平等無二，這個觀念不錯，但我做不到。即使我做得到，也只會造成麻煩。我無法把自己的小孩和別人的小孩看成是一樣的，我把全部的注意力、所有的關愛都給了自己的小孩，但對其他小孩卻做不到這一點，他們有自己的父母照顧。還有，我太太還是我太太，是特別的人，我對她特別關愛、照顧，我不能像愛我太太那樣愛其他女人。」

這個人的困境就像人們經常用來討論倫理和道德的假設情況：如果你有一片麵包，而有好幾個飢餓的人，你要把麵包給誰？或者說，如果有幾個人快淹死了，你要先救誰？理論上，一個人可以說些看似最公平的話，但在實際生活情況

中，我們經常把理論拋諸腦後，而以感情的層次來處理事情。

　　有關「親疏」這個觀念的正確思考方式就是：如果你需要幫忙，而我幫得上忙，我就會幫忙，不管我們的關係如何。也許有些情況我幫不上忙，但那是因為我沒有能力幫忙，而不是因為我們沒有關係。如果我的食物有限，就得先給家人，因為那是身為家長的責任。如果我有能力幫助更多人，我就會去幫，不管我認不認識他們，不管他們是親、是疏，不管對方是好、是壞，或是不好不壞，都不會影響我的行動。釋迦牟尼佛的父親往生時，釋迦牟尼佛去參加葬禮，幫著抬棺，他並沒有說所有的父親都是他的父親，而把所有的時間都用在幫人抬棺。

　　一切眾生都與你的父母平等，但你的父母還是你的父母。另一方面，身為佛教徒，我們發願不只要度自己的父母，也發願要度一切眾生。一切法都是平等無二的，但每個法各有其地位。根據佛法來說，一法不會比另一法更好、更高、更接近開悟，但每個法都有自己的地位、自己的方向、自己的因緣。佛陀幫助過許多眾生，但他從未離開過印度，因此釋迦牟尼佛在世時，沒有任何中國人受到佛法的利益。即使在佛陀那個時候的印度，仍有很多人從未聽聞過佛法，這並不意味釋迦牟尼佛偏好某些眾生，他只是幫助他能幫助的任何人。

　　要用這些詩偈來幫助修行，要修練出像清水一樣澄明的心，如此你就能隨時察覺到自己的妄念，煩惱生起時也能有所警覺。但不要一味地討厭某些念頭，喜歡某些念頭，要像大智若愚的人一樣來面對每個情況，不要分別好壞、親疏。

　　對大智若愚的人來說，一切法都是平等無二的。你們也許會懷疑，既然我是教導像禪這般所謂「無言的智慧」的老師，為什麼還說那麼多，那真是諷刺。這是因為我們中沒有人大智若愚，所以我必須使用分別的話語來幫助我們從分別的層次進入無分別的層次，我是在以毒攻毒。

第九次禪七

———

寵辱不變

一、選擇所居

> 寵辱不變，不擇所居。

大多數人會同意，愉快的情境使我們快樂，壓力的情境使我們不快樂，但在禪七中，第一步就是要發展出冷靜平等的感受，不管環境如何。當喜歡或不喜歡的事煩擾我們時，我們稱此為「心隨境轉」。相反的，如果我們的心在一切情境之下都澄明、不動的話，我們稱此為「境隨心轉」。

今天是禪七的第一天，到目前為止你們還喜歡嗎？適應這裡的作息和規矩嗎？喜歡自己的位置嗎？蒲團舒服嗎？睡

覺的地方好嗎？打坐或晚上睡覺時，有人干擾嗎？這些都是散亂心所會產生的問題。

　　禪七設計的方式就是要降低所有的干擾，但未來這七天中，總是會有事情來干擾你們大多數人。〈心銘〉這兩句詩偈提供了很好的忠諾：不管是在打坐、行走、運動、出坡、吃飯、洗滌或睡覺，不要讓心隨境轉，也許你無法控制環境，但應該能控制自己的心。

　　當心不受控制時，不管我們如何精心設計禪七，都會被干擾或分心。有一次有兩位禪眾的鼾聲很大，為了解決這個問題，我們試著把他們安排在一個比較僻靜的房間，卻沒有效，第二天早上兩人都抱怨對方打鼾。

　　即使在看來安靜的禪堂中也會有干擾。有位女眾打禪七時總是帶著一條大披巾。有一次，坐在她旁邊的人在小參時抱怨，那位女眾每次打坐前披披巾，總會擦到她。她告訴我說，只要這位披披巾的女眾坐在她身邊，她就無法專心。我告訴她，這其實是培養耐心的機會。禪七結束後，她向那位女眾致謝，因為她給了自己機會學習耐心。

　　有一次在台灣舉行禪七，同住一房的兩位女眾本應遵守禁語的規定，但其中一位一直向另一位做手勢，似乎是要她幫忙按摩背部。出坡時，其他人都在工作，這兩人就在房間裡按摩。到了第三天，其中一位向我抱怨：「師父，我再也受不了了。看我給自己惹了什麼麻煩！再這樣下去，這次禪

七我就坐不安穩了。」

我說：「你不必為她做這些事。」

她回答：「是的，我知道，但她要求我做這、做那的時候，我不知道要怎麼拒絕。」

換作你的話，會怎麼辦？一同修行的人身上疼痛、請你幫忙，容不容易不理會？我想這對某些人來說的確有壓力。我現在就把我告訴那位女眾的話告訴你們：這是禪七，不是日常生活，要有智慧地運用時間。你來這裡是要投入七天的時間密集修行，那是你的主要責任，也是唯一要關切的事。

這兩位女眾應該像其他人一樣工作，但類似這樣的情況隨時都會發生，必須要用一些智慧來處理，我會告訴你們該怎麼辦，好讓你們比較容易處理。不管遇到任何情況，都不要留意身邊發生的事。你來這裡要做的，就是做禪七中應當做的事，如果你像那位女眾那樣疼痛難捱，或有任何其他問題，應該找我或護七❶的人幫忙，那是我們的責任，我們會幫你解決問題。

我記得有一位年輕女子在台灣參加另一次禪七，她非常熱心助人，每次有人來到門口，她就會跳起來去迎接。每次她認為我需要什麼，就會想要幫我，雖然那並不是她的事。最後我把她帶到一旁，告訴她：「你這種態度很難捱過禪

❶ 護七：禪七時，協助照顧禪眾的工作人員。

七，你既不是知客❷，也不是我的侍者。我看得出你是很好心、很樂於助人的人，但這在禪七中並不是適當的行為。在幫助別人時，你沒有照顧到自己的修行。禪七結束後，你可以再回去幫助別人。」

修行時應該把心轉向內，而不是向外。不要關心別人，不要管別人的事、習慣或問題。心要集中於修行的方法或指定要做的事上。如果一直留心於方法，就沒有什麼可以干擾你。

禪七時，不該有愛、憎的事，也沒有好位子或壞位子，每件事是怎麼樣就是怎麼樣，不管情況如何，每件事都是剛好的。禪七的架構和作息是要使修行盡可能平順，譬如，有些規矩告訴我們如何使用眼睛。大部分時間，我們應該讓肉眼休假，倚賴心眼，在使用肉眼時，只是為了自身的安全。除了工作，你唯一使用肉眼的時候，就是我跟你說話時，像是開示或小參。

禪七時最好只按照規矩行事，任何情況發生都坦然接受。把自己的分別心、判斷心拋在腦後。其實，把自己也拋在腦後會更好。若想到自己、自己的意見，無疑會有衝突，而導致煩惱。譬如，今天的飯沒煮好，所以不是很好吃；但在禪七吃飯時，不管是什麼樣的飯，就該只是接受，並且吃

❷知客：寺院中負責接待賓客的人。

下去，一直想著飯不好吃就是煩惱。

另一方面，不要有這樣的想法：「哦，這真好吃，我等不及要多吃一些。」飢餓是生理現象，有些人的胃口比較好，但對食物產生貪念也是煩惱。從禪七開始到禪七結束，都要放下你平常對自我、想要、需要的種種念頭。接下來這七天只有禪堂和你的修行方法，如果執著於周遭的事，不但不能控制煩惱，反而會製造出更多的煩惱。

任何禪七中的第一步就要是把自己從外在環境中孤立，第二步是放下自己的愛憎、意見和分別心，只關切修行的方法。即使這棟建築著火，也不關你的事，不要管它，繼續用功於自己的方法，甚至冒著被燒成灰的危險也不管，這才是真正的禪的精神。

二、「我先生的情況如何？」

諸緣頓息，一切不憶。

「諸緣」指的是我們與現象關連的方式。首先，我們與外在事物、念頭、不相干的事物關連。要拋棄那些現象應該不難，但人們依然執著於它們，反而不關心自己的事，尤其是修行。這在中國有個說法：「狗抓耗子」，抓耗子是貓的

事，不是狗的事。執著於與自己無關的事，特別是在禪七中，是浪費時間。

其次，我們無意追尋的事有時會發生──像是不小心在街上撞到人、吃飯時掉了叉子，這千百種事我們平常並不執著，禪七時顯然也不該執著，但由於這些事和自己比較有關，因此比第一種事更難不理會。

第三種與外界事物關連的方式就是主動追求。這些包括了對心愛的人、我們的工作、禪七中發生的事情的念頭。你們之中有多少人能坦白說，到目前為止沒有一次想過禪七之外的人？這些念頭自然生起，看似無窮無盡，而且是最難放下的。

上一次禪七，有一對夫婦來參加，我告訴他們，安排的座位會讓他們看不見彼此。我還告訴他們，連想都不該想對方。兩人都回答：「沒問題，我們結婚那麼多年了，禪七時絕不會想對方。」聽起來很好，但第二天小參時，那位太太卻問道：「我先生的情況如何？」

我回答說：「真好玩，幾分鐘前你先生才問起你來。」

禪七時想配偶、伴侶或小孩，這樣真能為他們做什麼事嗎？只是為自己的修行添麻煩而已。這些例子也適用於那些關係不密切的人。

心會執著於各式各樣無關緊要的念頭，我相信你們之中有很多人整炷香都在打妄想。

諸緣頓息

「諸緣頓息」可從兩個層次來瞭解。基本的層次指的是剛開始修行的人——其實我們全都是初學者——它鼓勵我們放下與外在現象關連的三種方式。這是基本的修行目標，如果做得到這一點，不管是一秒、十秒、五分鐘或一小時，都顯示你的心放在方法上，沒有散亂。

第二個更深層的意思指的是開悟的經驗，這時與外在現象的關連全部斷絕。「一切不憶」鼓勵修行人在打坐時要把心空掉。如果還有任何東西，就表示尚未放下諸緣。要達到這個層次並不容易，但有可能，不管用的方法是數息、話頭、默照或念佛。數息時可能達到一個階段，不再覺知到自己的呼吸，也不再數數。沒有念頭，但每件事卻清清楚楚、明明白白，這就是〈心銘〉中所說到的一個階段。

話頭的目的就是要產生疑情。然而，有時修行者只會一再重複話頭，直到它自動消失，但卻沒有生起疑情。方法已經脫落，但心很澄明，而且覺知力很強。這並不是話頭修行的目標——因為目標是要體驗開悟——卻依然是進步的好徵兆。

「只管打坐」是日本禪對默照的說法，這個方法包括了只是覺知個人的姿勢，讓所有其他念頭來來去去，不迎不拒。起初你會追隨念頭，心會散亂，後來會清楚地觀看自己

的念頭，而不予理會。漸漸地，念頭就會消失，就像泥沙沉到池底，水會變得很清澈，甚至不會覺知到是水。這是心靈澄淨的層次，諸緣止息，一切皆忘。

念佛是靜心的五種法門之一，達到某個階段時，誦念會消失，唯一存在的就是清楚的覺知，當然，這只有在沒有妄念時才會發生。不消說，因為忙於想自己的渡假計畫而忘了念佛，是不算數的。

如果達不到一念不生、諸緣止息的層次，那麼重複話頭會是很枯燥無味，甚至沒有意義的。因此，明朝末年許多人開始以念佛作為修行的方法。他們覺得如果自己既無法達到無念的層次，也無法生起疑情，還不如念某個有意義的東西，累積功德。也許累積這種善業能讓他們轉生淨土，那裡的條件更適合佛教的修行。相反的，如果他們達到諸緣和念頭都止息的層次，就處於覺知和平靜的完美點，而可以開始練習話頭了。那時能從念佛轉換到問「念佛的是誰？」，而把那個方法轉變為話頭。

重要的是必須瞭解，達到無念的狀態並不是開悟，只是眾緣止息的第一個層次，只是初階。其實，它標示了一個門檻，表示真正的禪修才剛開始。到這個階段為止，所有的方法只不過是為了收心、靜心、集中心。

在第二個層次，也就是開悟的層次，與萬物的諸緣都被切斷，也就是無念，煩惱也就消失。很少人能繞過第一個層

次而直接跳到第二個層次。不是每個人都有慧能大師那樣的慧根，聽人誦念《金剛經》就開悟。大多數人都需要在第一個層次用功，收心、靜心、集中心。對大多數人來說，那就是我們的修行。

三、日夜無擾

永日如夜，永夜如日。

這兩句詩偈就像先前幾句一樣，指的是兩個層次——初學者的層次（包括我們所有人）和開悟者的層次。讓我們談談第一個層次，因為那跟我們的情況更相關。約翰告訴我，到目前為止禪七的每一天都很好，有些人聽到這裡會覺得羨慕，但其實約翰不該對自己的情況太高興。其實，如果他能把每一天都當成彷彿是最黑暗的夜晚會更好。相反的，那些覺得日子黑暗、難過的人，應該把每一天都當成充滿了光明和喜悅。如果你懷疑痛苦怎麼可能變成喜悅，就要知道痛苦是人生的一部分，而修行是觀察痛苦、接受痛苦、放下痛苦的機會。

我在台灣有個很好的居士朋友，我們經常談話，他有時聽到我談論自己的困難和問題，他的回應總是：「沒問題，

一切都很好。」他相信問題和麻煩之所以產生，是讓我們能面對它們和自己，那是日常修行的重要部分。這個人的態度很好，不管發生什麼事都不是問題。如果你被炒魷魚了，沒有問題。如果你心愛的人剛死了，沒有問題。

我上一次看到他時，有機會將他自己的智慧回饋一些給他。他原先認定會賺錢的生意，結果卻是一場騙局，所謂的夥伴把他那一半的投資全都捲跑了。我說：「沒有問題。」

「沒有問題？」他搔著頭回答，一臉狐疑，「我才剛損失了一大筆錢呢！」

我回答說：「那很好，你有錢時總是擔心要如何保護它或投資，那只是製造麻煩。現在你沒有什麼可想的了，所以就沒有問題了。」

台灣的八卦新聞有段時間很流行一個故事。有位有錢、有名的人娶了一位年輕貌美的妻子，結果她跟一個美國人跑了。報上當然對女方很不同情，大家都同情男方，認為他應該會覺得悲哀、生氣、受辱，但他似乎完全不為所動。朋友們難以置信，問他：「你怎麼能這麼灑脫？」

他回答說：「其他人也想要我老婆，想必她是個很好的女人，這表示我的眼光好。」

三個月後，太太回到他身邊，報紙對這件事又大肆報導，但這人依然不為所動，還設宴歡迎太太回來。朋友們再次覺得很驚訝，問他為什麼能那麼寬宏大量。他告訴他們：

「她會回到我身邊，就表示我是個好丈夫，她也喜歡我。她
有機會比較我們的關係和另一段關係，然後選擇了我，讓我
覺得很高興。」

這人是智慧還是愚蠢？誰能判斷呢？誰能知道他真正的
感受呢？我相信他真的不太執著，有本領放下。這個態度是
健康的，而且與我們的修行有關。如果你認為腿痛得不得
了，就把它當成是體驗這種情況的大好機會。體驗自認超越
你能力的事，是很值得的。忍受很大的疼痛能鍛鍊你的意
志、決心和自律。處理疼痛的方式不一而足，但從修行的方
面來說，要學著去接受它，然後放下。

這種態度對痛苦的逆境很有用，對快樂的順境也很有
用。因此，如果你的修行似乎一切很順利，不需要覺得高興
或驕傲。從我的經驗可以告訴你：一承認自己幸福快樂時，
情況就會改變。如果你接受並且忍受疼痛，到頭來疼痛就會
消失，只剩下清涼、愉快的感受。最好就是不理會新的發
展，而集中於自己的方法。如果你把注意力集中到腿上，心
想：「哇，這個經驗多神奇，一分鐘前我的腿還痛得不得
了，現在卻幾乎是很舒服，這種事是真的，還是我的想像？
我是有特異功能嗎？或者這是好的修行結果？」集中於好的
經驗時，就會失去方法，疼痛很可能就會回來。

這裡的教訓是：不要讓心被痛苦或歡樂所動搖。你們大
多數人看到馬戲團的空中飛人表演時，心裡會很佩服。你認

為這個人的注意力放在哪裡？她會心想觀眾喜不喜歡她的表演？她會期盼掌聲或噓聲嗎？還是說她的心是放在表演上？我們必須像空中飛人一樣，徹底訓練自己完全不顧周遭發生的事，或我們可能遭遇的回應，維持用功專注於我們的修行。

總結第一層次的瞭解，這幾句詩偈告訴我們不要為困難的情況感到沮喪，也不要被良好的情況誤導。修行就像生活一樣，不是直線進行，會遇到好日子和壞日子，坐得好和坐不好，好經驗和壞經驗。最好的方法就是把心集中在手邊的工作，而讓經驗來來去去。身為修行者，我們應該維持平衡，不讓我們的心被外境拉走。

「永日如夜，永夜如日」也談到開悟的狀態。開悟的人和我們其他人的行為並沒有差別，那些自認開悟而裝腔作勢的人，其實並沒有開悟。真正開悟的人不執著於開悟的經驗，因為那已經是過去的事。對已經開悟的人來說，其實並沒有開悟這回事。

因此，開悟的人行為多多少少就像一般人，在群眾中可能並不突出，因為他們不在意別人的想法，不需要注意或奉承。看起來動作遲緩、愚笨的和尚，其實經常是大修行者；看起來很聰明、知識淵博的人，其實經常需要更多的修行。

不要浪費時間思索自己的經驗有什麼意義、自己是不是進步、別人或我眼中的你如何。留心在方法上，其他的就順

其自然。

四、外在愚蠢，內在澄明

> 外似頑囂，內心虛真。

之前我談到有些和尚也許看來愚蠢或笨拙，其實卻是徹悟者。佛教史上有很多開悟和尚的故事，別人因為他們的行為或外表而忽視他們。這些和尚常常違反或不顧寺裡的許多小規矩，以致看似不敬、無知，甚至心不在焉。

其中一個故事提到憨山大師，在參訪一座寺院時遇到的一位和尚，這位和尚因為有病而身形腫脹、膚色蠟黃。由於寺裡其他和尚都躲著他，所以他大部分時間都是獨處，不過他依然感恩能待在廟裡。當他要求工作時，人家要他清掃廁所。

憨山看到廁所一塵不染，印象很深刻，就去打聽，別人要他去找病和尚，病和尚就告訴憨山，他每天晚上打掃廁所是因為他沒地方睡覺。打掃完就在禪堂打坐，一直到早課。憨山聽了之後對這位和尚大表尊敬。

憨山自己在打坐上有些懸而未決的老問題，他想這位和尚可能深藏不露，於是請他指點。憨山的直覺是正確的，因

爲這位病和尙針對他的打坐問題，提供了一些很有用的指
導。

　　我們可以從這個故事得到一些啓示。這位和尙覺得不需
要大事張揚他的經驗和成就，也沒有因爲其他和尙對他的態
度而心灰意冷。換句話說，他沒有沉溺於自大或自憐，如果
你處在相同的情況下，會受到什麼影響？深厚的修行經驗會
不會讓你自豪？別人不斷地輕蔑、騷擾你時，你會如何回
應？更糟的是，別人冷落或閃避你時，你做何感受？會不會
和這個和尙一樣，如此堅定和寬容？

　　通常一個人愈是深悟，在人群中就愈不起眼。有一次，
有人長途跋涉到虛雲老和尙駐錫的地方，要參拜這位當代的
大禪師，這人看到有個老和尙在田裡施肥，就問他自己走的
路對不對，要多遠才能到達虛雲老和尙的寺院。田裡的和尙
就問這位行腳的人，爲什麼要去見虛雲老和尙，他卻感到不
勝其擾，不願被這個平凡和尙糾纏不清，但你們可能已經猜
到了，在田裡施肥的和尙就是虛雲本人。

　　我自己的師父靈源老和尙外表看起來也不像偉大莊嚴的
和尙。我現在比年輕時更受到尊敬，有些人也許會說，那是
因爲我的性格和禪師的名聲，但我懷疑更可能只是因爲我看
起來比較老、鬚髮變白。

　　這兩句指的是已經開悟者的外表，但我鼓勵你們不要等
到開悟才培養這種態度。如果能有像憨山故事裡的病和尙的

態度，煩惱會少得多，虛張聲勢會帶來很多問題。如果相信自己的所作所為正確，就不要擔心別人贊不贊同，或自己看起來是否像個傻瓜，也不該浪費時間和精力來討好別人，或趕在別人前面。

如果叫你去掃廁所，會不會覺得有失身分？在某些情況下，你會不會讓人佔上風？如果連這都做不到，那麼你從修行中就所學不多。如果清清楚楚覺知周圍發生的一切，那麼即使在他人看來是愚蠢或容易上當的，也沒什麼關係。因為你心裡明白自己不是愚蠢或容易上當。這種態度也能轉變別人，如果他們最後知道你並不是傻瓜，你的尋常外表會使他們更誠實，也比較不虛張聲勢。

有個徒弟告訴我，他聽我開示時很明白、很敏銳，但工作時就覺得自己很笨拙，什麼事都慢別人一拍。接著他對我說：「師父，您自己就經常像那樣，如果我不是早就認識您，會認為您很笨。」

我沒想到會有這樣的評語，就答道：「大智若愚。」但我接著說：「我沒有大智；你很可能是對的，可能我只是個傻子。」多年修行使我對別人所說、所做的愈來愈不反應過度，否則我很可能會覺得這個人的說法侮辱人。其實，我有時動作很慢，我可以說那是因為我在意自己的決定和動作，但有時是我不知道該怎麼辦。有一次，我的兩個徒弟就在我面前爭辯，如果按照寺裡的規矩，我會要他們離開，但我只

是閉上眼睛，坐在那裡，什麼都沒做，然後離開。

先前那個說我有時笨拙的人，看到整件事的經過，在走廊上趕上我，問道：「您是他們的師父，這件事您要怎麼辦？」

我說：「我不知道。」一直到他們停止爭辯，冷靜下來之後，我才分別找他們談話。在他們爭吵時，如果我試著跟他們講道理，會一事無成，但等到他們冷靜、恢復理性之後再找他們談，就不會讓他們覺得羞辱或抗拒。而且，因為他們比較明白了，問題也就容易解決，我不知道自己是愚蠢或智慧，但那似乎是方便之計。

在先前的開示中，我問你們：如果禪中心著火的話，你們要怎麼辦？我接著說，具有真正禪精神的修行者就會繼續停留在方法上，甚至甘冒被燒成灰的危險。我希望你們瞭解我只是誇大其詞來說明我的觀點，用來鼓勵大家不理會任何外在的干擾。

另一方面，你們必須要有足夠的理智，知道在哪種情況下要做哪種事。如果火顯然已經失控，你怎麼辦？如果你繼續打坐，心想：「禪中心的龍天護法會保佑我。」那我可得說你真的是傻子。要懂得權宜方便。如果後來我吼你，指責你被外在環境所動搖，就接受它。在你的心目中，要知道自己當時心裡明白，採取的是明智之舉。我對你的看法無關緊要。

在日常生活中，應該訓練自己不要對別人的觀感那麼敏感。要像開悟的人一樣，不要害怕外表顯得愚蠢。覺得自己尷尬或過於敏感時，要反省為什麼自己沒有培養出「外在的愚蠢、內在的澄明」。對大多數人而言，即使是對佛教徒來說，這都不是件容易的事。再者，我們都不是開悟的人，因此，無法期盼無時無刻都能這麼做。但這的確是值得培養的態度，而且我鼓勵你們把這種態度帶到日常生活中。

五、把修行想成是串珠

對境不動，有力大人。

不被三種現象所動搖的人——與你不相干的現象、隨機發生的現象、你積極追尋的現象——可以視為有力大人。你主動、有意介入其中的現象之一就是腿痛。腿痛是生理現象，但從那個痛所產生的念頭是你的分別心與自我中心的產物。痛是痛，但體驗到痛的心不是維持平靜，就是煩惱。

很難不受環境影響。今天有沒有人不受外界干擾，而能打坐、做瑜伽運動、吃飯、出坡、禮佛、經行、聽開示、做早晚課，乃至休息？發現自己有時離開方法，或經常沒有提起正念時，不要覺得羞恥。修行正是去發現自己陷入過去和

未來的念頭，把自己帶回方法上或眼前的事上。

　　每個情境都是修行的機會。譬如，時鐘的滴答聲是不是干擾到你，還是你會用它來幫助修行？對大多數人來說，時鐘有節奏的聲音不是干擾，那很好，但如果有一群建築工人在外面挖人行道呢？禪中心還在對街的時候，這種情況確實發生過。

　　那是一次在特別悶熱的夏天所舉行的禪七，當時的禪中心不像現在這麼舒服，我們僅有的一點通風是來自打開的窗戶和一個很吵的風扇。那七天我們都被電鑽、噴水機器等聲音所包圍，還有工人在說話、喧鬧、嬉笑、咒罵、講故事。有兩個人每天就在我們窗外吃午餐，我們都聽得到他們的對話，這實在很有挑戰性。你們之中有多少人能經歷這一切而不受干擾？你們能不能利用那種騷動的狀態來幫助修行？

　　你們之中有人說，要藉著掌握心與氣來面對外在的干擾，那是沒有用的。如果掌握心，就會傷到心；如果掌握氣，就會氣塞，要做的是掌握方法。如果真正專心，就不會被任何外在現象所干擾，不管那個現象是多麼的混亂。

　　打坐時，有多少人知道我在你們背後走動？如果覺知到我而動起念頭，那麼你的心就是散亂的。如果覺知我而繼續不受干擾，那麼你的心就算沒有非常集中，也是相當集中了。如果完全不覺知我的存在，那就是更深層次的集中。你們之中有一個人說，有時候不會覺知到我的動作。奇怪，如

果不覺知到我的動作，那又怎麼能確定我依然在那裡？

在禪七前幾天，禪眾通常容易被動作、聲音、疼痛所干擾。隨著禪七的進展，你的集中力會更強化、更深化。起先干擾你的事，後來你只會覺知而不受干擾，我會把這描述成中度的集中狀態。但在深層的集中或三昧，修行者甚至不會注意或認知外在的現象。

把修行想成是串珠，每顆珍珠就是你對方法的注意。當你的集中力深化時，每顆珠子之間的空隙——也就是你的心閒散或不在方法上的時間——會愈來愈小，最後會消失。當你的注意力不再有任何空隙時，就不會為環境所動。

當然，我這裡描述的不動的心，不同於開悟者的不動的心。這裡的詩偈就跟先前的詩偈一樣，可以從兩個層次來詮釋：一般修行者的層次和開悟者的層次。我相信當你們完全集中於一件事時，都曾經完全沒有覺知到周圍所發生的事，不必練習打坐也能體驗到這種事。人們專心於閱讀、寫作、學習、工作或看表演時，會非常集中，甚至不察覺到自己的環境。這是未開悟的心不為環境所動的一些例子。

我記得看過一部電影，片中的小孩正在看戶外演出。小孩在觀眾圈之外，升了一小堆火取暖。他非常專注於表演，以致忘了火，結果火開始蔓延，燒到他背後的衣服。但他還是沉溺在表演中，不知道發生了什麼事。他覺知到有些不對勁，因為他偶爾會用手揮走干擾，但卻從未喪失對表演的專

注力。他的衣服著火了，但他依然沒有知覺，直到有人把一桶冷水潑在他身上，他的注意力才被打斷。如果你能達到像小孩那樣的集中程度，就達到相當深層次的集中了。

第二個詮釋描述的是已經放下一切執著的開悟者。當沒有自我中心或執著心時，就沒有心可動搖。然而，開悟者對周圍所發生的一切卻清清楚楚、明明白白，就像《金剛經》所說的：「應無所住而生其心。」《金剛經》所說的心，不是自我中心的煩惱心，而是智慧心。客觀環境依然存在，但不再有執著於它的自我。

開悟的不動之心有別於不為干擾所動的一般之心。其實，完全集中於方法的心受限於環境，然而在這種情況下，環境就是方法。心雖然集中於方法，而且用功於方法上，但那依然是分別心、自我中心的心。因此，移動的心是分別的心；而只要有分別，就會有煩惱。如果分別與煩惱依然存在，自我也就依然存在。開悟者不執著於自我，雖然環境對他們來說依然客觀地存在，但他們並不作如是觀，因為他們對它沒有執著。

「對境不動，有力大人」指的不是有名的領袖、運動家或空手道高手，而是沒有自我中心的人，他們才是真正強而有力的，因為他們不會被任何事或任何人所動搖。具有自我中心的人依然會被別人傷害或影響，但沒有自我中心的開悟者則不會。這種「力」和「大」有時甚至在未開悟者的身上

也看得到，譬如，為了別人利益而努力的人，經常比只為自己利益而努力的人更勇敢，言語行動經常也更高貴。所做所為只為自己利益的人──即使是為了開悟──都沒有「力」和「大」。那也就是為什麼菩薩的第一個弘願就是：「眾生無邊誓願度」。

我們行菩薩道時，依然是凡夫，充滿了煩惱、執著和自我，依然有要幫助眾生的念頭，看到自己做了好事時依然有滿足感。那很好，但不是開悟。就像《金剛經》中也說到，大悟的人依然繼續幫助別人，但不再有個「我」在幫助，也不再有眾生需要被幫助。

第十次禪七

———

無人無見

一、無他可見，無自見他

無人無見，無見常現。

「無人無見」讓人聯想到《金剛經》裡面的「無我相，無人相」。「無人」指的是沒有客觀的現實，「無見」指的是沒有自見或主觀的現實。「無見常現」的意思就是：即使沒有自（主），也沒有他（客），每件事依然被如實、清楚地察覺。當沒有「你」在用功於方法，也沒有方法可用時，你已和方法合而為一。雖然沒有「你」也沒有方法，你還是時時用功。

　　打禪七的人在密集的長時間中練心。對大多數人來說，在家裡每天打坐一、兩個小時，並不能提供足夠的動力來深入一個方法。我們一炷香又一炷香地打坐，使環境和我們的心變得愈來愈小，一直到無他可見，也無自見他。

　　我知道有些打禪七的人打電話，等家人來，好讓他們能收發訊息，打過禪七的人都知道，這是不允許的。理由很明顯，因為如果我們連七天都無法使自己斷絕與外在環境的接觸，又如何使自己的心和環境變得更小呢？

　　成功禪七的第一個條件，就是使自己隔絕於禪堂外的一切事的念頭。第二個條件，就是放下禪堂中所發生的一切事的念頭。如果有人打哈欠而引起你打哈欠，表示你還沒有擺脫環境。要訓練自己記得，自己和坐在周圍的人沒有關係，他們是他們，你是你。我看見在開示時，有人打瞌睡，你有何想法？那是因為她厭煩或愛睏？還是她很清楚地專注於自己的方法上，知道我與她毫不相干？今天是禪七第一天，所以我猜想是前面那個理由。

　　第三個條件，就是放下一切有關自己的念頭。覺得疼痛時，就對自己說：「我在打坐，這些疼痛與我無關。」昏沉的修行人可以告訴自己：「身體也許昏沉，但那與我無關，我要繼續修行。」

　　對妄念也是如此。一旦知道自己陷入妄念之網，就只要回到方法上。妄念不是你，剛剛有妄念的人也不再是你，已

是過去的一部分，要在當下這一刻用功於你的方法上。如果我說的話有用就接受，但不要執著。同樣的，不要想像下一刻會發生什麼，因為你很快就會體驗到。

如果能用這種方式來孤立自己——首先從外在環境中孤立，然後從周遭的環境中孤立，然後從自己的身體和妄念中孤立，最後從過去與未來中孤立——那麼你、方法和環境就會消失，這是理想。

當修行者宣稱自己已經達到那個層次的專注時，通常是因為不同的原因，例如因為太耗氣力而疲倦，陷入昏沉。許多宣稱得到開悟經驗的人，只是因為太過疲勞而一片空白。顯然這不是〈心銘〉所說的情況，如果是的話，你們之中有很多人就已經開悟了。

「無見無現」也指開悟的心。對開悟者來說，所有的現象依然存在，而且在活動，但沒有自我與它們互動，這種情況就是智慧。能完全覺知現象和它們的動作，包括身體的動作，但沒有自我來執著於它們。如果能嚐到不受環境干擾的滋味，就會覺得自由自在。如果達到前念、後念互不相干的程度，就會覺得更自由。

這不容易達到。一般人會被念頭、感覺、情緒、過去與未來、周圍的人、日常世界所干擾。我們被身體的感受所動，如果身體痠痛、生病或疲勞，就很難集中精神打坐。參加禪七讓我們得以投入必要的時間和精力，好從這種關係中

孤立出來。

今天是禪七第一天，開始讓自己從外在世界孤立出來，放下有關剛剛經歷過的一天的一切想法，未來七天你的世界就是當下，把一切注意力投入當下。

二、修行始於自我

通達一切，未嘗不遍。

當沒有客體可看，也沒有看客體的自我時，依然存在著清清楚楚、綿綿不斷的覺知，這就是「通達一切」──完全瞭解所有時空界的一切現象。要掌握到那種無限的覺知是很難的。和了知十方三世相比，通靈者的力量微不足道。即使有真正聰明的哲學家兼國王，能改變所有人的生活，他的力量依然只限於地球。只有自我不存在時，才可能有無限的瞭解。

修行的一個目標就是要降低自我和環境的重要性。自我愈小，障礙也愈小；相反的，自我愈大，障礙也愈大。我們一再看到這種情況，我們羨慕純真的小孩和知足常樂的人，卻仍追求名利、權勢。我們這麼做時，其實對物質的財富和權力會帶來的責任和問題心知肚明。

我們在進步時必須自我檢討，不要自我膨脹。是不是變得驕傲、亢奮？如果你運用新見解只是為了使自己獲益，力量就會有限，因此要自問：「我的動機是利己，還是利人？」

真正的禪修者，修行是為了其他眾生，這就是「發菩提心」的意思。這種態度也許看來和追求變得更好、發展強大的自我感互相矛盾。人們到處都說要增加能力，建立自尊、自信等。書架上擺的都是自助的書，人們聽錄音帶、聽演講、參加工作坊等，這個邏輯是很合理的：如果連自己都幫不了，如果自己軟弱、散漫、不安、無力、精神不正常，又如何能幫助他人？

即使修行的目標之一是要降低自我的影響，卻依然是由自我來決定這麼做的。我們總是從自我中心的自我觀點出發。在教導初學者時，我談到是從散亂的小我，到集中的小我，到宇宙的大我，最後到無我。我們注意到，在通往無我的路上，必須強化和鞏固自我。修行的附帶利益就是：我們的確變得更安全、更清楚、更有信心。

大乘的方式是從自我的立場出發，以邁向利益眾生的無我。那也就是為什麼四弘誓願的第一願就是要幫助他人，「眾生無邊誓願度」。

最後一願是要得到徹悟，「佛道無上誓願成」。因此，我們應該總是把眾生放在自己的行動和意圖之前。如果把時

間和精力奉獻給別人，自己的煩惱往往就會減輕。

懷疑的人也許覺得很難相信，連少數人都幫不了了，還說什麼濟度一切眾生，但總得從某個地方開始，不必等到完美才去助人。譬如，有一群小孩要爬過高牆，但沒人爬得過，其中一個決定趴在地上，讓別人能踩著他過牆。你可以選擇做那個趴在地上的人。助人並不需要超人的才智、技巧或力量，只需要發心。

你願不願意當別人的板凳，還是覺得自尊和自我會很受損？也許你喜歡別人趴在地上，讓你過牆，如果是那樣，我們就該把第一條誓願改成：「眾生誓願來度我」。如果是這種態度，就永遠無法體會到無我。如此也許會從修行中得到一些力量，但是有限，而且我可以保證，你的煩惱非但不會減輕，反而會製造出更大的障礙和煩惱。

你會逼著別人讓你過牆嗎？如果是這樣，就是利用別人來達到自己的目的，但和爬上星星來說，牆又算什麼？真正的情況是：只為自己的人，他們的見識通常都和自己的能力同樣有限。

當不再把重心放在自己時，每件事都變得更平順、更容易。當終於達到無我的階段時，就沒有任何障礙，所能做的事也就無限了。沒有自我，就不必一定要待在什麼地方，但也同時出現在所有地方，那就是無限的自由。

開始時像是被鎖在房間裡，窗戶都關了起來。修行就是

開始打開門窗，讓更多的光進來，但視野依然很有限。後來你踏出去，新發現的寬廣視野讓你驚訝，但你還是只能往上、往外看，因爲地球還是障礙了你的視野。你繼續修行，直到超越地球，像太空人一樣擁有沒有障礙的視野，即使這時視野依然有限，因爲你還是一個人。當你依然受限於你所相信的自我時，能做到、能看到的事依然有限。到頭來，你終究必須把自我拋在腦後。

因此，我們從小我開始；坐在特定的地方，用功於修行的方法。到頭來心和方法會變得愈來愈小，直到消失。今天小參時，有人認爲自己已經達到那種專注的境界。在認眞用功坐了幾炷香之後，他的氣力耗盡，感覺不到任何東西，或感覺到他所描述的一片空白。我告訴他，這不是心和方法消失。

有關他的經驗，更好的描述是「在黑山鬼窟裡打坐」。空白一片和睡覺、沒有知覺是一樣的，如果那樣就能體驗到開悟，我的工作就簡單多了，只要走到你們背後，用根大木棍把每個人敲昏就行了。

據說佛陀大徹大悟時，看到恆河沙數那麼多的世界，而且洞悉從無始以來到無盡未來中一切眾生的一切事。那並不是說，如果我們體驗到無我，就能得到那種全知全能的見解。體驗到無我不一定能使人成佛，我們也許了悟了無我的原則，但我們不像佛陀，並未從無數生的修行中累積功德。

　　最近台灣的一家電台訪問我。他們沒有問我有關佛教的問題，而是問我有關愛情、婚姻、家庭、小孩、父母的問題。訪問者對我的回答很滿意，雖說那些答案多少令他感到驚訝。他說：「師父，我很好奇，您老早就出家當和尚，怎麼會對婚姻、愛情關係、家庭知道得那麼多？」

　　我回答說，我的答案根據的是我對一切事物底下的那些原則的經驗和知識。所謂的原則，指的是在所有人、所有事、所有法之下的那些真理和實相。雖然我沒有愛情或婚姻的個人經驗，但所有關係、所有現象之下的原則都是一樣的。

　　到達無人、無見的境界時，也會知道如何根據自己對原則的經驗來處理情況。人之所以受到困擾、混淆，是因為依賴自己有限的、自我中心的觀點，因為他們的自我執著於得失。當沒有得失時，事情就會變得簡單得多。

　　想像自己很富有，必須在財富和心愛的人之間選擇：不管是一般人或手握大權的人，困境會是一樣的，都會因此而受苦。然而，如果其中不涉及自我，不管你失去一個或兩者都失去，都不會有煩惱，因為不執著於得失，只會隨順因緣加以回應。

　　但上面的例子並不是我們在此要面對的事，在我們能使心和境消失之前，必須使自己的心不再有那些妄念，在此時此刻為所當為。

三、不要攪動泥巴

> 思惟轉昏，汨亂精魂。

這兩句詩偈正好適用於我們的修行。打坐時，不要去想你是不是用功，不要去想方法適不適合你，不要去想修行有沒有用，或你的個性適不適合修行，這些念頭會障礙修行。

一般的心不像水晶杯裡的純水，反而像是泥潭。潭水如果不攪動，就會沉澱，變得愈來愈澄淨。然而，如果覺得需要清理潭裡的髒東西，只會把已經沉澱到潭底的泥巴又攪起來。不要對泥巴裡的東西太好奇，潭水本來滿澄淨的，一旦開始攪動泥巴就變混濁了。

對妄念也是如此，一般人不是一時沉溺其中，就是壓抑它們。如果開始追逐每一個出現的念頭，或搜尋引發那個念頭的意圖，心就永遠不會澄淨。用這種方式檢視念頭，只會使自己更混淆。

每次打坐時只要提醒自己用功，不要擔心妄念，這說來容易做來難。每天晚上我都會開示，卻只是提供你更多咀嚼的東西。人們經常鎖定佛經裡的一個詞或觀念，打坐時在心裡反覆回味。有些人有打坐的經驗，就試著找自己讀過的一些文章，想要印證那個經驗。有些人聽我開示，就猜想我的話是不是針對他們。有些人拿我的話和佛經裡的話相比，也

許是想看看我的理解有多貼近佛法。這些都是不正確的修行之道，而且浪費時間。

今天有人在小參時抱怨：「師父，您把我搞糊塗了。您叫我們不要想，但又給我們這些東西去想。」是不是很多人都覺得如此？那實在抱歉，但我不會停止開示。你必須學著去馴服心猿意馬。如果我要某人喝水，那跟其他人無關，不要開始心想喝水會不會對打坐有幫助。同樣的，我給他喝水的那個人，也沒有理由去想為什麼，只要喝就好。

如果我教的是假的佛法，那不是你的問題，責任在我，得到惡業的也是我。有些人也許會想，師父這麼說很容易，但如果他說的是假的，而我把它當成真的接受，納入自己的修行和生活，可能就會跟著他下地獄。因此，重要的是相信佛陀所教的，而且相信我所教的符合佛法。當然，不必對我個人有信心才能從打坐中受益；但如果相信我的指導，就會獲益更多。

今天早上我告訴你們必須對自己有信心，諸佛就像你們一樣是眾生，而你們只不過是還未證悟的佛。也要對佛、法、僧三寶有信心，這包括我，因為我代表僧伽。最後，必須對自己的方法有信心。

禪七時和平常不一樣。日常生活中，忽略思考每天的事是不智之舉，禪七時則不需要分析任何事。打坐時只有三條簡單的規矩：第一，不管做什麼，都要直截了當；第二，不

管發生什麼事，都要接受，一旦事情過去，就放下；第三，不要懷疑開示、方法或自己。

重複一遍，不要浪費寶貴的時間在那些念頭或懷疑自己，心愈單純愈好。對哲學家、博士、藝術家或詩人來說，禪七可能是挑戰：博士和哲學家難以放下他們的邏輯，而藝術家和詩人則難以放下他們的想像。

我在攻讀博士學位時，曾以和尚的身分在日本住過幾年，打過幾次禪七。在禪七中，禪師總是責罵我，說我的才智是障礙。他是位好老師，不讓我迷失在觀念和邏輯的世界裡。這裡有很多人是學者和藝術家，不要讓我像我師父責罵我那樣來責罵你。

禪七時只要讓自己單純，把所有注意力放在方法上，好好用功，因為你們很快又會回到自己的日常世界。

四、方法不會舊，人才會舊

> 將心止動，動止轉奔。
> 萬法無所，唯有一門。

請接受法融禪師的教誨，不要「將心止動」。如果用理智尋求開悟，只會變得更混淆。如果用心來止息煩惱和妄

念，也只會變得更混淆。上面兩種方式都無法使你在修行中得力。

是的，修行的終極目標就是開悟。而且毫無疑問的是，打坐的目的是要靜心。首先，我告訴你們，試著將心止息來達到開悟，只會造成混淆；接著我說修行的目的是將心止息──這看起來說不通。禪自稱直截了當，爲什麼會這麼混淆？

有經驗的修行人知道，在開始修行前，要知道自己爲什麼打坐，一旦開始打坐，就該放下所有的觀念和目標，只關注自己的修行方法。心在當下，而不是把自己的經驗和過去比較，或揣測未來。但這對許多人來說是大障礙，總是會想用心去阻止念頭生起，做不到時就覺得挫折。

中文裡有很多說法來描述這種混淆和誤導的意圖，像是「揠苗助長」、「頭上安頭」、「揚湯止沸」。有一個主題貫穿這些說法：混淆、誤導的意圖只會使事情更趨複雜。要停止妄念，首先必須記得心是幻相，根深柢固的幻相。我們用這個虛妄心來超越幻相的心，這種事很詭異。如果嘗試用心使心不動，那不會有效的，因爲嘗試的動作就是動心了。相反的，如果你「讓」心停止不動，那就會發生。每次試著強迫心照你的吩咐去做，只不過是頭上安頭。用這種方式尋求開悟是走錯了路。

用煩惱來治煩惱是沒有用的，但人們總是這麼在試。其

實，心理治療師就藉此大賺其錢。我不是說心理諮商沒用，
而是說它的效用經常很短暫，頂多只是以一個幻相取代或掩
蓋另一個幻相，那就像揚湯止沸，其實最好的方法就是把火
滅了。

　　禪的方法就是設計來幫助人超越煩惱心，藉著集中精力
於修行方法上，而不去管心。由於心是虛妄的，所以不需要
擔心。你也許無法解決問題，但透過打坐，心會愈來愈澄
明、穩定。你會認知自己的情緒和模式，以及心的運作方
式，而在這麼做時，你最終會發現所謂的問題已經消失了。

　　禪的方法看似簡單、直接，但禪師比心理醫師少得多，
也許我該稱自己為心理學家，而教人禪。我曾經上紐約的電
台節目，每次節目快結束時聽眾都會打電話進來問問題。我
的意見似乎有用，但其實這些答案沒有一個來自我自己，我
只是把從以往的禪師得到的資訊傳出去。

　　也許你認為，當禪師比當禪修者容易，禪修者得努力用
功，而禪師只是引用佛陀和祖師的話。如果你這麼想的話，
我就可以成為心理治療師，而你可以教禪了。否則，禪修者
最好還是把持住方法，努力用功。

　　在修行中，我們不要讓自己的心被環境所動，不管那念
頭或感情是愉快或不愉快的。許多人不急於放下愉快的心
境，因為他們認為那是修行得力的結果，而試著要把持。我
相信你們每個人都發生過這種情況，然而，你會注意到，一

且開始執著於愉快的情況，它就會溜走，隨後而來的經常就是悔恨，然後你千方百計要找回那種愉快的感覺，不久就糾纏、迷失於妄念中，以致挫折、憤怒、沮喪或自我懷疑。這樣過了幾秒鐘、幾分鐘或幾小時後，你受夠了，覺得想要向你的心大聲喊停。那種技巧其實沒有用；唯一有用的就是讓心回到方法上，重新開始。

叫自己不要去想是沒有用的，因為那本身也是一個念頭。用功於方法則有用，但用功並不表示全身的肌肉緊張、頭腦緊繃、花很多氣力把自己綁在方法上。我總是說：「放鬆身心、努力用功」，這並不矛盾。如果緊張或掙扎，最後會精疲力竭，產生川流不息的新妄念。用功意味著耐心、持久地停留在方法上，如果發覺方法丟了，立刻回到方法上。這需要警覺和意志力，而不是過多的精力。

打坐時，不要關切任何以往的經驗，不管它是好是壞。如果體驗到愉快的事，即使是一段澄明的時刻，也不要去重複自認讓你達到那個境界的步驟。如果體驗到不愉快的事，也不要去避免自認讓你達到那種處境的方式。過去已經過去，未來還未到，你所有的就是當下，而那和任何過去或未來的時刻都不一樣。因此，想回到自認美好的心境，是毫無意義的。你不一樣、環境不一樣、時刻不一樣——每件事都不一樣。即使你重複一個經驗，那也是新的、互動的因緣所產生的不同結果。

你的心時時刻刻都該重新回到當下，而要做到這樣，就是停留在修行上，有關過去或未來的任何念頭只會使你攪起更多妄念。

「萬法無所，唯有一門」，這兩句詩偈警告我們不要懷疑方法。修行人想要覺得自己在進步，他們想要知道自己能不能邁向一個新的、不同的或更好的方法，也許他們認為一個方法能產生某種利益，一旦達到那種利益，就把那個方法拋下，換一個更好的。

那就像站在這座山的山頂，看著另一座山，認為遠山比較高，而希望在那座山的山頂。有人也許會告訴你：「這山不如那山高」。不管怎樣，你就拔腿跑下這座山，奔上那座山，爬到山頂時感覺到很滿足，卻又發現遠處還有一座更高的山。你又跑下山，認為另一座山會是最好、最後的一座，當你到達山頂時，發現那裡沒有什麼動物、植物，而你又冷、又餓、又渴。

修行人往往就像那個挫折的登山客，認為自己目前使用的方法比較差，等不及要試另一個方法。數息的人想要參話頭，參話頭的人覺得另一個話頭也許更好，持咒的人想要練習默照。

有一次我在美國愛荷華州演講，提到早期禪師用的是無法之法，對已經準備好的人來說，這就是最好的修行。演講結束後，有個人的說法讓我大吃一驚：「我同意你的說法，

無法是最好的方法，能不能把它教給我？」

最好的方法就是選定一個方法，堅持下去，盡可能去品嚐、體會。如果不斷從一個方法換到另一個方法，就永遠無法深入任何一個方法而得到利益。相反的，要停留在一個方法上，直入它的核心。

有些使用數息的人急著要進到話頭或默照。他們因為某個原因覺得數息是初學者的方法，話頭和默照的層次更高。其實，通往無我的路有許多條，數息是其中之一，能使你開悟。但那不該是你關切的事。如果你懷疑為什麼自己使用某個方法，而不是另一個方法，那就沒有資格去尋求「層次更高的」方法。

如果真的專注在數息，方法最後會消失，那時你的方法自然會變成默照。因此，不要因為數息而擔心自己錯失了什麼。此外，數息也有很多不同方式，繼續修行後，就會發覺自己對方法的瞭解更深入，這是好的、有益的打坐方法的特質之一。如果你覺得它變舊了而來找我，我會幫助你。其實，方法不會變舊，只有人才會。

如果用方法時出現明顯的問題，我認為那是進步的象徵，表示你很用功。我比較擔心的是似乎從來沒有問題的人。這種人坐在蒲團上就像坐在快樂的迷霧中，認為那是澄明、開悟的心境。每次我問他們情況如何，他們就用迷夢般的微笑望著我說：「很好。」那反而讓我關心。其他人說：

「我不知道，我沒把握自己的修行是對是錯。」當我問他們方法使用得如何時，他們回答說：「喔，用的是您教的方式。」

我沒有他心通，如果你不告訴我體會到什麼，我就幫不上忙。如果對修行有問題或疑慮，想要我幫忙，至少得彼此合作。要帶著特定的問題來找我，我好針對它們回答。

最重要的是，不要被那些停滯的心態所誘惑，在那種情況下好像沒事一般，每件事似乎都很好。譬如，昨天有人告訴我，她每次打坐到同一個階段時，妄念總是會打斷她的注意力，她認為那種情況必然是正常現象，因此一再發生也不以為意。

是的，修行時妄念生起是正常的，但同樣的事每次都在你修行的同一個階段出現，那就有問題了，需要仔細勘察。至少這位女士能有這種體認，來找我指點。

她的問題讓我想到我年輕時在軍中，有個阿兵哥奉派每天早上出去為整個部隊辦伙。他揹著一個空布袋，在黎明前就往市場出發。有一天早上，他決定要走捷徑穿過墳墓。他走啊走，走了好長一段時間，開始懷疑那究竟是不是捷徑，但他依然走啊走，經過一座又一座墳墓。當黎明漸漸到來時，他才知道自己在墳墓堆裡繞圈圈。我希望你們之中沒有人在心裡繞圈圈。如果有的話，你已經知道解決之道了——回到方法上，不要管心。

五、在心的鍋爐間打坐

不入不出，非靜非誼。

　　這兩句詩偈的對象既是開悟的人，也是剛開始的修行者。《心經》說：「諸法空相，不生不滅，不垢不淨，不增不減。」法的來來去去、生生死死、脫離輪迴進入涅槃等，都是由我們的分別心所產生的。

　　我們在理智上很容易接受以下的觀念：「有煩惱？煩惱和智慧是不二的。」「修行？何必呢？無知和開悟是一樣的、輪迴和涅槃是一樣的，我們都已成佛了。」「無來無去，又何必擔心生死呢？」這些都只是理智上的說法。

　　《心經》說的是開悟的狀態，對有分別心和自我執著的凡夫來說，生死「依然」存在，煩惱和智慧「的確」不同，修行能讓人從輪迴進入涅槃。從眾生的觀點來說，這些全都成立。但真正離開煩惱和自我執著時，就會瞭解煩惱和智慧，輪迴和涅槃都是一樣的。當不再貪生怕死時，就已經在涅槃中，但如果心依然受境的影響，依然被業力控制，就依然住於輪迴。

　　「不入不出」指的是深悟的人，但初學者也能運用這個原則。修行時不要逃避妄念或痛苦，不要追求禪定或開悟；不要去求任何東西，就只停留在方法上。

剛開始修行的人也可以用上「非靜非諠」這句話。初次來禪中心打禪七的人會很驚訝我們座落在紐約市中心，如果你追求祥和安靜的話，就來錯地方了。各式各樣的聲音從四面八方轟炸我們——車子聲、學童聲、人們來來去去工作，巴士就在門口停下、啟動，更別提來自屋內的聲音了——電話聲、走動聲、廚房裡的聲音和味道。如果被這些聲音動搖，就很難集中於方法。但如果專注於方法，這些聲音就不會是困擾。任何地方都有聲音，你必須去適應。

有個和尚無法長時間集中於修行，因為廟裡有太多的噪音和騷動，於是他決定一個人到山裡修行。到那裡時，他心情放鬆了——終於沒有人打擾他修行了。正當他坐到樹下開始打坐時，有隻鳥開始叫。他試著把鳥叫聲趕出心外，卻辦不到，想把鳥趕走，又沒用，最後他想：「是樹把鳥招來的，所以我要去沒樹的地方。」他就走到草原裡，再度開始打坐。「哦，沒有鳥了。」但他忘了有蟲。蟲叫時，他會拍拍地上，但那只會使蟲安靜幾秒鐘，便又開始叫。

過了一會兒，這一切都變得難以忍受，他心想：「這不是打坐的好地方，讓我去沒有蟲和鳥的地方。」他一直走，直到找到由溪水匯成的一個小池塘。他坐下沒多久，青蛙就開始叫，在那些聲音之後他還能聽到潺潺的溪水聲。他知道沒有一個地方是安靜的，決定自己來解決，就把小布團塞到耳朵裡。現在不管坐哪裡都沒問題了，因為聽不到任何聲

音，他心想：「現在我可以打坐了。」

　　坐了幾分鐘，突然間，「哪裡來的鼓聲？」當他取出布團傾聽時，鼓聲就停止，把布團塞回耳朵時，鼓聲又開始，這時他知道那鼓聲其實是自己的心跳聲。沮喪的他心想：「我不是打坐的料，還是算了吧！」後來有位法師告訴他：「你的問題不是聲音，而是你的心被聲音所動。」這位和尚聽到這些話時，當場開悟。

　　這對我們所有人都是忠誥，現象本身無法干擾你，而是心被現象所動，而稱它們為干擾。我希望你們能把這個納入修行，尤其是坐在靠街的人。但如果你像那個和尚，覺得外在的聲音會使你分心，我們可以把你和蒲團移到鍋爐間。

第十一次禪七

妙智獨存

一、小乘與大乘

> 聲聞緣覺，智不能論。

　　這兩句詩偈指的是菩薩的智慧超越了聲聞或緣覺的智慧。在梵文中，「聲聞」原指佛陀的弟子，但在大乘佛教中，此詞特指透過四聖諦尋求個人開悟的人。聲聞的目標就是擺脫生死輪迴，進入涅槃，也就是成爲阿羅漢。

　　在梵文中，「緣覺」指的是「獨自開悟的人」，也就是沒有聽聞佛法而開悟的人，他們之所以能如此，是因爲了悟「十二因緣」，這種開悟比聲聞或阿羅漢更高，但還不是佛陀

的徹悟。

　　法融禪師在提到聲聞和緣覺時，指的是小乘的修行者。大乘的修行者相信小乘強調修行的目標是自我解脫，而大乘強調的是菩薩普渡眾生的理想。這兩派之比較與我們的修行無關，我只是提供一些背景資料，方便解釋這兩句詩偈。

　　在聲聞道上，即使於禪定生起智慧，修行者還是不能、也不願與人互動，既不傷害別人，也不幫助別人。相反的，開悟的菩薩雖然已擺脫煩惱，卻依然與人互動，幫助他人。在這個意義上，為了自我解脫而修行的聲聞的開悟，無法與為了眾生而修行的菩薩的開悟相比。

　　修習佛法有三方面：戒、定、慧。持戒就是在日常生活中修習佛法，減輕自我中心。定——深度的集中——是勤修打坐的結果。在培養深定之後，身心終會轉變，智慧現前。

　　這兩派都同意修習戒、定、慧是佛道上的自然進展。然而，大乘佛教主張，透過認真修行，能直接從持戒進而體驗智慧，那正是話頭禪的目標。因此，雖然這兩派同樣是根據戒、定、慧，但目的和方法不同。

　　例如，兩派都以注意呼吸作為停心的五種法門之一，就此而言，數息是穩定身心、減少妄念的好方法；但根據小乘的說法，數息不足以入定，更別說得慧了。在修行五種方法中的任何一種之後，必須達到三個更深層次的專注才能入定。

　　小乘教的是：必須先有定，才有慧；但禪教的是：修行的目的不是為了入定，而是為了直接體驗智慧。但我還是大力提倡以數息作為修行的方法，因為它是使心集中的良好法門。在禪中，你依然練習數息，讓自己更集中，當心擺脫大多數的妄念之後，就比較能用話頭來激起「大疑團」。透過認真修行，大疑團到達頂點，消失不見，那時就可能體驗到頓悟，因此，在禪中是可能不經過定而體驗到慧的。

　　在座的各位不可能在禪七第一天就達到那個層次的修行。其實，即使參加過幾次密集的禪七，都很少能達到那種境界。因此，如果你有意激起大疑團並打破它，反而只會障礙自己。最初的目標是要安定、穩定自己的心，使它不再那麼狂野、散亂，那時，身體上的痛、麻、癢都不會使你分心，任何偶發的心情或情緒也不會使你分心。

　　使用公案或話頭的適當時機，就是當心已經調伏時。所謂「公案」就是有關以往禪師和祖師開悟經驗的故事，或禪師與弟子之間的你來我往。「話頭」基本上是個單一的句子，譬如「我是誰？」修行人就用它來參究一個特定公案的意義。「參」意味不訴諸觀念和推理，甚或佛陀的教誨，而試著找到眼前問題的答案。禪師通常會叫參禪的人不要管心裡生起的任何事，因為那不會是答案。只要繼續以集中、熱切的方式問問題，到頭來疑情會生起，愈來愈大，直到變成鋪天蓋地的大疑團。典型的情況就是，沉浸在大疑團中的修

行者除了公案或話頭之外,對其他一切都不聞不問。

　　參禪的人希望達到某一點時疑團會爆開,但這並不一定會發生。有時氣力失去,疑團就消退了。參公案就像吹氣球,吹進的氣愈多,就變得愈大,用在話頭上的氣力愈多,疑情就愈大,希望把氣球(疑團)吹到爆。有時氣球有洞,氣就漏了。同樣的,有可能很難維持參透話頭的氣力,以致疑情消退。

　　有些人在一次禪七中會體驗到突破,有些人參話頭參了很多年,才產生疑情。來果禪師參一個話頭參了好多年,身為和尚的他,從一個地方行腳到另一個地方,只在一個隨身的布袋裡帶點吃的。遇到寺廟,就掛單一、兩天,然後離去。找不到住的地方,就在樹下打坐。肚子餓了,如果遇到人,就化緣,沒遇到人,也沒關係。來果禪師生活中唯一不變的就是全力參話頭,不管到哪裡都沉浸在疑團中。這樣過了好多年,有一天他放下布袋要休息時,疑團爆破,體驗到深悟。

　　有些人甚至在心還沒有集中之前,就急急忙忙參話頭,用這種方式參話頭是不會產生疑情的。那倒比較像是在念咒,但念的又不是真正的咒,會很枯燥乏味,還不如去數息或念佛。剛開始要集中心時,數息比話頭有效得多,因此我們在參公案之前,經常以數息開始,希望能產生疑情,當疑情消解時,智慧就現前了。

二、妙智

實無一物，妙智獨存。

〈心銘〉先說「無一物」，然後說「妙智」存在。怎麼會這樣？如果沒有一物，智慧必然也不存在。相反的，如果智慧存在，就反駁了沒有一物這個觀念。因此，這似乎並不像表面上看來那麼簡單。根據大乘的說法，有三種「不存在」：眾生觀察到的，阿羅漢和緣覺觀察到的，以及諸佛菩薩觀察到的。

對眾生來說，「不存在」是個相對的術語，用來和存在的事情相比，這純粹是觀念上的，因為眾生無法直接體驗到不存在。窮人可以宣稱錢對他來說不存在，但如果他執著於錢的話，那麼錢就存在於他心裡。因此，眾生的「不存在」和他們認為真實的東西是同樣虛幻的。

阿羅漢體驗到的不存在是絕對的。他們不再有煩惱或執著，他們已經進入涅槃，不再回到輪迴。因此，對阿羅漢來說，「妙智」也不存在。我們不可能真正瞭解這個，因為我們只是從眾生的角度來看事情。小乘的修行者深入一個層次又一個層次的定，直到進入涅槃，我們認為這是他們的意念和行動的業果。但對達到涅槃的阿羅漢來說，空間、時間和煩惱是絕對不存在的。

　　因此，詩中提到的不存在是菩薩所觀察到的。菩薩心中無物——沒有執著、沒有煩惱、沒有要救眾生的念頭，也沒有菩薩要救他們——卻依然留在世間助人。妙智正是菩薩對眾生的需求那種自然、自發的反應。這種智慧之所以奇妙，是因為它以任何必要的形式示現，濟度眾生。

　　這些深奧的觀念和我們有什麼關係？為了善用這次禪七，必須全心全力投入方法，彷彿其他一切都不存在。外在世界不存在，其他人不存在，根本沒有疼痛、愛睏、無聊這些事。沒有過去、沒有過來、沒有開悟、甚至沒有你。唯一存在的就是你的修行，而那最終也該消失。

　　如果你認為到目前為止自己都還不能使心擺脫妄念，忘了它——妄念不存在。如果自認為今天打坐打得很好，忘了它，那也不存在。除了方法之外，如果能放下一切，包括放下自己，我保證你開悟。但也不要執著於那個觀念，修行時，開悟不該存在；一旦開悟了，開悟也不存在。因此，什麼都不要理會，包括我剛剛所說的。

三、什麼是本際？

　　　　本際虛沖，非心所窮。

　　任何能被知道、瞭解或體會的，都是有限的。這裡的「心」指的是分別心，而不是開悟時的清淨心。當打坐久了之後，很可能會驚訝於自己記得的事，那就像看電影在心中演出一樣，有些也許是你真正看過的電影。

　　我有個弟子在禪七中不但清楚記得整部電影，連預告片和演藝、工作人員名單都記得一清二楚。他知道那是浪費寶貴的禪七時間，但他其實承認，他希望自己在日常生活中記憶力會那麼敏銳。打坐時浮現於你心頭的其他一切──對過去的記憶、計畫、對未來的願景、幻想──也都是在你心眼上放映的電影。

　　能記得那麼多資訊，似乎很驚人，但真的那麼多嗎？你記得在二十四小時中所想、所說、所做的一切？就像〈心銘〉所說的，凡夫的心是有限的。想像你能記住從出生到現在、一生中經歷過的一切，如果可能，那種能力可真是超人了，但即使如此，也還是有限，因為你的心不記得從無始以來一切前世的所有事，而我還只是說你一個人，你也能知道十方三世一切眾生的一切現象嗎？

　　顯然，我們的分別心太有限了，連大千世界裡已存的、現存的、未來存在的眾多現象中的最小一部分都無法瞭解。這個整體正是〈心銘〉中所提到的「本際」，那是實相，沒有執著、分別和煩惱。本際的整體包括了一切時間、空間和現象，但你不能指著特定的時間或空間說：「這是本際。」

　　本際的無限是很難理解的。我們所知道的一切，不管是短暫的或持久的，都存在於特定的時空。譬如，我們可以說這個禪中心有本際嗎？不多久之前，禪中心還是個廉價商店；在那之前，可能是一間房子、農場或曠野；兩萬年前，可能是在幾百呎厚的冰河下；在那之前，可能是大海的一部分。誰能說這個禪中心的建築能維持多久？先前在對街的禪中心現在是個基督教會。也許我退休時禪中心會關閉，即使它在其他法師的帶領下繼續維持，那又能持續多久？一代，或許兩代，難免改變或拆掉。顯然，這個禪中心不是無限的本際的家。

　　幾天前，我看著自己最近的照片，又在一堆紙底下發現自己一、二十年前的照片，照片中的我顯得比現在有精神，後來我又在浴室的鏡子裡看到自己的影像。告訴我，這些影像中有任何一個是我的本際嗎？不，身體——它的物質性，不是本際。任何一直在變的東西都不是本際。

　　我到中國旅行時，去參觀秦始皇的地宮，裡面有千百個真人大小般的兵馬俑。在兩千兩百年之後，這座地宮幾乎維持原狀，見證了人類的巧思。但原先是堅固木頭的柱子，經過多年腐朽已經不見了，那些兵馬俑也終將回歸塵土。滄海桑田，這些沒有一樣可以視為本際。

　　沒有一樣東西是本際，但本際卻涵蓋一切。甚至地、水、火、風四大都不是本際，因為它們也會改變。佛法說，

眾生透過四大得到業報，進一步說，沒有四大，我們的肉身就無法存在；如果我們不與四大互動，就不會造新業，但物質界不是本際。

如果物質界不是本際，那麼心也許是，但哪個心是本際呢？〈心銘〉已經明說，本際不能被分別心所窮究，因此顯然眾生原本的心不是本際。業也不是本際，因為它一直在變。我們因為過去的行為而接受業報，同時又造新業，我們之所以如此是因為心不由己。只要執著於自我這個觀念，那麼我們的念頭、語言、行為都會造業，自無始以來就是如此。

真相是：我們無法以心來知道本際。體驗過它的人，無法描述或指認它。開悟的人並不是舌頭打結的白癡，他們知道如何溝通，但也知道不可能描述本際，因為它是無法以心知道的。顯然，如果某件事能描述或指認，那麼就能被心來探究。我要再說的是：本際也無法用直覺心知道。很多人誤把直覺心和開悟心畫上等號。其實，直覺心是一種直接、自發的知道，但還是包括了個人的觀點和經驗。因此，它也來自分別、執著、煩惱之心，它也可能犯錯，而且是有限的。

因此，修行是為了粉碎心中一切的煩惱與障礙，而只有那時本際才會出現。修行的目的是放下一切的執著和自我中心，因為它們與智慧不相應。不要問我本際像什麼或開悟是什麼，我沒有開悟；即使開悟，也無法向你描述，因為開悟超越了分別心的限制，我對於開悟的任何說法都會是不正確

的。即使我能仔細描述開悟，但那對你又有什麼用呢？我可以給你看聖母峰的照片，仔細描述它，但如果你要體驗聖母峰，就得自己去爬。我或任何其他老師所能做的頂多就是指路。

昨晚我告訴你們，除了修行，一切事情，包括開悟，都不該存在。今天我又說，當你修行時，本際也不存在。如果你存著要發現它的心而去修行，只會在自己造出的鏡宮裡迷失而心生挫折，沒有必要在自己已經面對的障礙上再增加障礙。

四、正覺無覺

正覺無覺，真空不空。

我說過很多遍：來打禪七時，不要尋求開悟，我也說：沒有佛，所以不要想要成佛。這聽來很瘋狂——我就坐在佛像前，我們每天頂禮佛像兩次，但我卻告訴你們說沒有佛。每天晚上我們都談〈心銘〉裡所說的開悟，現在它卻說，「正覺無覺」——真正的開悟不是開悟。

研習佛法時，思考開悟和佛法是很好的，但在修行時，就不該思考這些。我們不該把佛陀想成是我們身外的某個實

體，希望變成像他那樣。我們禮佛時，不該求佛幫助，如果有那樣的念頭，就根本無法見佛。那我們爲什麼要禮佛呢？我們之所以禮佛，是因爲感恩佛陀給我們佛法。沒有佛法，我們就不知道如何修行。然而，禮佛時，唯一該有的念頭就是我們的動作。

不要搞錯——當禮佛、早晚課、誦經或打坐時，我們試著「像」佛，我們應該向這位偉人表示感恩。佛陀的確存在，但佛陀無法給我們開悟，因此，我們是爲了修行而修行。你們有些人長途跋涉，要在這裡坐上七天。你知不知道自己花了這些錢，大老遠跑來，只是爲了修行而修行？

你也許會問：「如果我繼續打坐，會不會開悟？」答案是：「會，但也不會。」「會」是因爲你終將開悟，但一旦你開悟，就沒有開悟了，成佛也是一樣。我打個粗略的比方：我們都同意禪中心存在，它存在於我們的心，也以紐約的一棟建築而存在。在你來之前，禪中心已經在這裡了，但你一旦在禪中心裡，它就不再存在了，明白嗎？如果你說它依然存在，那就拿給我看。你也許會指著牆、佛像、地毯、廚房、甚至指著我，但那些沒有一樣是禪中心。當你不在這裡時，禪中心是紐約市安姆赫斯特區中一條街上一個有門牌號碼的房子，但一旦你進入其中，它就消失了。那些成佛的人可以說就是在成佛的建築裡，對他們來說，沒有成佛這回事。然而對在外面的人來說，是有佛可成的。只要我們還在

外面，就該遵照佛陀的範例和教誨，但我們不該努力像佛，
或向佛陀要求任何東西。

真空不空

第二句詩偈說「真空不空」。前兩天我談到，一個窮人
也許口袋裡沒錢，但心裡想的全是錢。相反的，如果一切金
錢財富全屬於一個人，他會不會一直想著有錢呢？我聽說一
些很富有的人身上根本不帶錢，原因是不管他們去哪裡，什
麼都為他們準備妥當了。即使他們口袋裡沒有一分錢，但我
們可以說這些人沒錢嗎？

根據出家人的誓願，他們不擁有任何東西，但應該照顧
並珍惜所用的一切。他們處處為家，而且把它照顧得就像自
己的家一樣。即使碰巧在樹下過夜，也都會好好照顧，讓它
在離開時比原先更好。

之所以如此，是為了他的誓願和修行，而不是為了個人
未來的利益，心想：「因為我會再路過這裡，所以把它弄乾
淨，下次好再來。」他這麼做也不是為了讓別人稱讚。出家
人遇到的任何人都是他的親戚朋友，發生在他身上的任何事
都是他的事。但當他離開時，不會把那些人和事帶著走，它
們都已經是過去了。

培養這樣的態度能使我們大家受益。因為你說沒有一樣

東西是你的，所以一切東西都是你的；也因為一切東西都是你的，所以你有重責大任要好好照顧它們。認真的禪修者的言行舉止就該如此，這是開悟者的自然行為，但因為我們還沒有開悟，所以必須如此訓練自己。

這種內在訓練和外在形式無關。你們大都不是出家人，但也都能培養這種態度。它不是出家的僧團才有的行為，不要把外在形式誤認為內在訓練，外在形式與修行無關。佛陀經常被描繪為坐在蓮花座上，那是不是意味著你們也得在蓮花座上打坐？也許你們認為自己該有件像佛陀那樣的袍子，把頭髮修剪成像他那樣的捲髮。你們聽了也許會笑，但我們全都做過類似的事。

我在中國時，參觀過一處佛教古蹟，那裡已經變成了觀光景點。那個地方從唐朝就有了，而他們也複製了那個時代的衣著。人們可以穿戴得像唐朝的和尚一樣，在那裡拍照，回去之後拿給朋友和家人看。我站在旁邊看時，有人就說：「瞧，來了個真的和尚！」穿上僧袍並不自動就使人的靈性提升。模仿可能只是一種諂媚的形式，但我們該藉著轉變自己的心，而不是外表，來模仿佛陀。我們藉著聽從佛陀的教誨、效法菩薩，而種下種子。

真空時，無所求也無所得。我們尋求或希望獲得的任何東西，都只不過是另一個妄念。要完全集中於當下這一刻。每次禪七我都說同樣的事：修行本身就是目的。如果你有這

種態度，就能得到最大的利益。農夫種果樹時，並不期盼立即收成。他知道樹的潛能，但會在當下照顧它，不管它有沒有果實。不要關切自己修行的成果，只有過程。

五、接近自己的開悟

三世諸佛，皆乘此宗。

「此宗」讓我們想到先前的兩句詩偈：一旦開悟了或在開悟中，就沒有開悟可得，所有的煩惱和執著都消失了。那並不表示沒有東西存在，真空就是真正的存在，但只有在體悟到真空時，才知道真正的存在是什麼。諸佛之所以為諸佛，就是因為他們「皆成此宗」，也就是與這個原則相應。

《心經》說「三世諸佛」，也許看來它所談的諸佛與我們無關，其實卻包括了我們，因為我們代表的是未來佛。佛經中提到的釋迦牟尼佛、阿彌陀佛和其他幾尊佛都是現在佛。其實，現在正有無量無邊的佛住在無量無邊的世界。如果他們是過去佛，我們就無法知道。釋迦牟尼佛住在這個世界和這個時間，而且他的教誨依然影響到我們。佛經說，在這一劫中會有成千上萬的佛出現，而釋迦牟尼佛只是這一串長單子中的第三位。根據佛經的說法，彌勒佛會是下一尊佛，而

在遙遠的未來，我們也都會成佛。

如果你想參訪其他世界和時間中的佛，我建議你現在就開始預存資糧，因為那會是段漫長而昂貴的旅程。然而，其實不需要去任何地方，我們已經有福報了，因為釋迦牟尼佛就存在於此時此地我們這個世界。如果你計畫做任何事的話，就計畫自己成佛，即使那是多少億萬年之後的事。每次你清楚覺知地打坐，就更接近開悟。

接觸到佛法的人已經為未來成佛種下了種子。其實，反對佛法的人也為未來成佛種下了種子。佛經上說，謗佛或謗法的人都會下地獄。當他們知道自己為什麼在地獄時，可能就會重新考慮，改變自己對佛法的心意。我說過宋朝名相張商英的故事，他痛恨佛法，很想寫篇叫〈無佛論〉的文章來抨擊佛法。他花了許多個月，絞盡腦汁想要批判佛教。最後他太太建議他研習佛教的經論，以便能組織自己的觀念和感受，他同意了，開始研習經典，最後改變心意，成為一位大居士。

接受和修行佛法的人已經選擇成佛的直接之路，反對的人則選擇了迂迴之路，但他們全都是在路上。還沒有找到路的人，是根本就不在乎佛法，對佛法一無所知的人。即使如此，只要他們在任何時間和世界，向佛陀的教誨打開心窗，當下就能改變。

進步的條件

對禪修者來說，思索如何為未來成佛種下種子，和覺知當下毫不相干。為了確保未來成佛，你只要照顧好當下，不要擔心現在做得多好或多差。歷代大師走的都是相似的道路，都符合以下四個條件：大願心、大信心、大決心、大疑情。

我們藉著符合這四個條件，也能走在相同的路上。首先，發願會強化自己的信心、決心和意志。四弘誓願是很好的起點，但也能發個別的願來強化自己的修行。其次，對佛法、你決定跟隨的老師、你的修行方法，最重要的是對你自己，要有大信心。第三，具備了大信心和你的誓願所產生的力量，就會對自己的修行產生大決心。最後，這個大決心會產生第四個條件，也就是大疑情。

你們之中有些人說，發些達不到的誓願好像表裡不一。不要沮喪，對我們許多人來說，四弘誓願的深廣和意義是無法想像的。然而，你們還是應該發這些誓願，因為它們種下的種子，總有一天會發芽。發願能促使修行更得力，要是連自己所發的個別誓願都達不到的話，也不要絕望。每次你走近蒲團時，就向它頂禮並且發願：「即使疼痛也不動來動去、不打瞌睡、不打妄想。」要真心誠意地發這些願，然後把它們放下。

對這些願在你內心所種下的種子要有信心，然後把心放在眼前的事上，也就是你的方法上。如果痛得受不了，該怎麼辦就怎麼辦，但如果你動的話，就用你發願時相同的眞誠來動。起座時，不要因爲違背了誓願而自我責備，過程就是如此。下次打坐時，再發同樣的願，這樣就能漸漸強化自己的決心。

人們總是無法掌握要點：正是因爲無法總是奉行誓願，所以才要一直發願。如果能一坐幾個小時而不被疼痛、昏沉或妄念所動，那就沒必要發這些願了。一切過去佛、現在佛都跟隨同樣的道路，一再發願，直到達成目標。

人們經常感到困擾，認爲下決心和放鬆是彼此矛盾的。決心不表示要像壓緊的彈簧那樣緊張，而是對自己所採取的方法耐心堅持。發覺自己離開方法時，把自己帶回到方法上，但要以溫和、放鬆的方式。緊張會造成疲勞和其他障礙，那也就是爲什麼我總是說：「放鬆身心，努力用功。」

爬山時你會採取什麼策略？把它當成百米短跑，一開始就往山頂猛衝？我保證那樣跑不了多遠。最好是以緩慢、穩健的步伐，並且計畫要紮幾夜的營。一旦開始，就不該去想抵達山頂時可能會體驗到什麼。一旦開始，就把心放在自己所踏出的每一步。打坐就像爬高山，什麼都不要擔心，只留意於自己的方法，不要拿自己和別人比，你有你的速度，別人有別人的速度。你不知道他們正在體驗什麼，那沒你的

事，只要以大決心把心放在自己的事情上。

　　曾經有位修禪的和尚被昏沉所苦，發覺自己總是在蒲團上打瞌睡，於是決定用一個冒險的方法，坐在懸崖邊。他心想：「如果我打瞌睡，就會摔死，那會使我警醒。」然而，他愈來愈睏，最後打瞌睡，掉下懸崖。就在他往下掉時，醒了過來，頓時開悟，這時他發現自己依然坐在懸崖頂上。如果你想用這種方法，可以坐在三樓的窗台。你有多大的真誠，多大的決心？需要安全網嗎？

一粒沙中的世界

> 此宗毫末，沙界含容。

　　佛教的經論常用「毫末」這個詞。在這裡意味著開悟的心非常廣闊，即使其中極微小的部分都能含納像恆河沙數一般多的世界。幾年前，有位紐約無線電台的記者訪問我。當時正在進行紐約的馬拉松大賽。我說，從禪的觀點來看，紐約所有的人都可以在一粒沙上跑馬拉松。他問我，這怎麼可能？我解釋說，只要我們有無限的心量，心中沒有執著和煩惱，在一粒沙上跑馬拉松是可能的，這是因為我們的心不占空間──雖然它無限寬廣，卻不占任何空間或時間。

　　在禪修中，你的方法也許是花一整個小時的時間，從一

粒沙的一頭走到另一頭。如果能做到這點而不喪失集中心，那麼念頭和念頭之間就沒有空隙，一小時之內就能入定。你能維持那種集中的覺知，還是會覺得厭煩？你會把那個令人厭煩的沙粒從心中掃掉，然後找個更有趣的東西來尋思嗎？也許你比較喜歡橫跨一根頭髮，那沒關係，如果你全心全意不斷集中在橫越那些東西的法門上，那麼一根頭髮就能比金門大橋更長，一粒沙也能比整個世界更寬廣。修行者在開悟前可以用這些法門，如果成功的話，會發現一些極小的東西可以變得極大。

然而，〈心銘〉指的是開悟之後的事。當不再有執著、分別時，就不再有大小的觀念。開悟的心超越了一切的描述和比較，因此它包含了一切。

這些詩偈描述的是深悟的心境，但如何運用它們來幫助日常生活中的我們呢？在成佛之道上，我們可以使自己的性格更符合智慧與慈悲。據說，真愛容不下第三者，這說的是一種受限的、佔有的愛，連慈悲都還談不上。也許如果你的心能放寬，能更包容，就能愛很多人，但這依然不是無限的心。

中文有句諺語：勇者讓敵人心驚膽戰，智者則擁抱每個人。古代最偉大的將軍是不戰而屈人之兵之人。

身為修行者的我們，希望能培養慈悲心，變得更能包容自己和他人。我們也許沒有諸佛菩薩那樣無限的能力，但至

少能朝那個方向努力。這麼做時，我們的心量會寬廣，慈悲
和智慧會增長。每個人都能成佛，但現在我們依然是凡夫，
如果我們不能學著對周圍的人慈悲、體諒，那麼修行打坐就
是沒有用的。

　　佛教對辯論某些人是好是壞、人性是善是惡並不感興
趣，佛法是要透過修行來改善人的性格。佛陀不是外星人，
而是人中的模範，是我們都可以仿效的，這也就是我們為什
麼要修行。

　　開始時若能把渺小、散亂的心集中起來，變成圓滿、健
康、集中的心，這本身就是大成就。如果人們能達到這個層
次，全人類就會改變。其次，從注意力的統一進展到身心的
統一。

　　平常我們都被身、心的問題所動，但如果我們能達到斬
斷思慮的境界，那麼所有問題都會消失。身心統一之上就是
自我和環境的統一，在這個層次，我們體認到一切人、事都
與我們沒有差別、沒有分離。在這個層次，心會自然生起慈
悲，而那種慈悲超越了同情和有條件的愛之限制。

　　如果無法體驗到自我和環境的統一，就不能具有佛家所
說的真正的慈悲。這並不表示一般的慈悲是沒有價值的，而
是要盡力而為。如果真心誠意要根據佛法來改善性格，就必
須採取適當的措施，對修行者來說，那意味著集中於方法
上，以便開始使自己散亂的心冷靜、集中。世上所有的教育

和社會訓練都不是直截了當的，禪則是直接的，要你把理論和揣測擺在一旁，直接面對自己，因為只有面對自己，才能發展出圓滿、健康的性格。

第十二次禪七

一切莫顧

一、莫顧過去或未來

> 一切莫顧，安心無處。
> 無處安心，虛明自露。

要好好利用這次禪七的時間，就要注意到第一句詩偈的「一切莫顧」。首先，不要關切過去與未來，也就是你來此之前所做的事和禪七之後你期待要做的事。第二，不要關切禪七中你周圍發生的事。你也許會聽到車子聲、巴士聲、收音機的聲音，但它們與你無關；你也許會看到周遭的人出聲、大哭、大笑、動來動去，這也不關你的事。如果你注意外在

現象，就無法專注於修行。第三，不要關切前念或後念。如果你能做到這三件事，我保證你這次禪七成功。

打坐的人苦於兩個障礙：昏沉和散亂。如果你昏沉，就用心力來克服那種感覺。也可以把眼睛用力睜開，直到流眼淚，這有時能趕走瞌睡。如果沒有效，可以請香板，只要你舉手，我或監香❶會用香板平坦的一面敲打你的肩膀，這不會傷人，但可能可以恢復你的氣力和警覺。如果香板也無效，你可以跪在地毯或地板上，爲了保持平衡，你就會醒著，或者膝蓋的疼痛會趕走昏沉。你也可以起身拜佛一陣子，這樣你的身體在動，但心依然維持專注。如果這些方法都沒有效，那代表你真的睏了，最好睡個覺，恢復身心氣力。

散亂幾乎總是有關過去和未來。如果放下過去與未來，那麼散亂的念頭就不會成爲問題。然而，說來容易做來難。一個處理妄念的方便法門就是專注在自己的痛苦上。即使能舒舒服服坐很久的人，也可能有散亂的問題。就像對付昏沉一樣，你也可以跪在地板上，那種不舒服的感覺會強迫你專注。

如果在修行時沒有感覺到任何障礙，那很可能意味著停滯不動。這並不是說修行非得疼痛或有障礙不可──沒有必

---

❶禪七中於禪堂巡視，督導禪眾的人員。

要去尋找它們，但它們會來，這表示你正在進步。如果你從來沒有任何困難或障礙，那我就會在意。

人們期盼並渴求好的經驗，同時憎惡或希望避免壞的經驗，這種態度不適合禪修者；禪修者應該培養平等心——既不貪求好經驗，也不逃避壞經驗。也不要執著於過去好的回憶或不好的回憶。如果坐得好，不要浪費時間來恭喜自己，也不要浪費時間試著要重複好的經驗——那已經過去了。同樣的，如果坐得不好，也不要浪費時間悔恨——那也過去了。只要集中於當下。

禪七中發生好事和壞事是正常現象，七天中只有歡樂或痛苦的情況很罕見。有些人打坐二十年，依然有可能坐得不好，這時不該心想：「我剛才坐得不好，浪費了以往這些歲月。」即使花上一整天和疼痛、昏沉、散亂搏鬥，也沒有關係。那是過去，現在是現在。不管你到目前為止感覺如何，當下的態度應該是：「那很好，但已經過去了。現在我的方法在哪裡？」

無處安心

「無處安心」也該瞭解為：「當心全然寂靜時，沒有地方安住。」這描述的是開悟的心：開悟的心因為不執著於任何事，卻又清楚覺知一切，所以是安詳的。相反的，我們沒

有開悟，因此必須把心放在方法上，但必須用放鬆的方式，因爲緊張的心無法長久集中於任何事上。

讓身心休息應該是容易的，但對許多人來說卻很困難。要讓心休息，就得放下我先前所說的三件事：日常生活中有關過去與未來的念頭、周圍的環境、前念與後念。打坐時，心就在方法上；經行、禮佛或做伸展運動時，心就在動作上；早晚課時，心就在自己的聲音上；吃飯或出坡時，心就在正在做的事上。簡單得很，但許多人卻很掙扎。

如果每一秒都能集中，沒有任何妄念，很快就會忘記自己的身體。也許會變得澄明、放鬆，不再需要方法，那時就接近「無處安心」的層次。但只要存在著「無處安心」的念頭，心就依然固著在那個念頭上。因此，必須把那也拋在腦後。當心不再固著於任何地方時，「虛明」自然就會顯現；當心不執著於任何事時，智慧自然生起。這種智慧也叫做「空明」。當自我不再分別、煩惱時，智慧不費吹灰之力就能生起。開悟者不覺得自己有任何智慧，但智慧就在那裡。

有人經常問我：「您開悟了嗎？」

我的回答總是一樣：「不，我沒有開悟。」那是實話，但人們似乎不相信我。

他們追問：「您修行時，一定有某種開悟的體驗，那是什麼呢？」

因此我試著向他們描述我的體驗，他們就說：「那聽來

沒什麼了不起，我不會把它稱為開悟。」

這時我經常回答：「那就對了，我早就告訴過你，我沒開悟。」

然後他們有些混淆，甚至有些煩擾，就問：「那麼您為什麼自稱禪師呢？」

我回答說：「我從來沒有自稱禪師，是其他人那麼稱呼我的。」

他們問：「那您為什麼寫那麼多有關佛教的書？」

「因為我希望幫助人，但那些不是我的文字，我只不過是把從祖師大德學到的東西傳遞出去，那些觀念沒一個是我的。」

他們還是不相信，繼續問：「這麼說來，您的心境並不是一直保持平靜、清澄，遠離各種煩惱？」

我回答說：「是的，我也像其他人一樣，心有上下起伏，有煩惱、執著。也許不像其他人那麼重，但依然會體驗到挫折、情緒與障礙。我沒有開悟，因此依然有執著。」

如果有人宣稱自己開悟了，那很明顯表示他們沒有開悟。因為會是誰在那邊宣稱開悟？就是執著於那個觀念的自我。開悟的人像佛陀一樣，依然像眾生般行事，進行日常活動，但不執著於自己所做的事，或發生在自己身上的事。他們不需要宣稱任何事，慈悲和智慧自然從身上流露。

我希望你來這裡不是期盼在開悟的大師腳下打坐。我只

是一個和尚，因為在這方面有廣泛的經驗，所以恰好在這裡指導禪七。好好利用這四句詩偈，它們鼓勵我們放下所有的念頭，包括「師父可能開悟了」這個錯誤的念頭，執著於這種事是沒有用的。不要在乎任何人的開悟，包括自己的開悟，只要把心定在方法上，其餘一概放下。

二、放下有所求之心

> 寂靜不生，放曠縱橫。
> 所作無滯，去住皆平。

前兩句詩偈描述開悟的心。如果心只是寂靜、不生，那不一定指的是開悟。「放曠縱橫」這句真正描述已經解脫的心。當沒有執著、煩惱時，心是自由、無限的，不管生起什麼，心都寂靜、不生。心在回應他人時，不是以分別、煩惱來回應，而是以智慧、慈悲。

有些打坐的人體驗到一段時間沒有妄念，而認為自己已經發現了禪的智慧，已經開悟了。其實，停留在無念的安詳狀態，就是停留在虛無的繭中，就像烏龜把頭縮到殼裡，這既不是成就，也不是智慧。那不僅無用，而且代表的是一種悲觀的態度。這種人覺得祥和、安全、無憂：「我已經發現

了真正的寂靜，再也沒有什麼事要做了。」他們不願離開那種無事的寂靜，每次打坐時都試著要回到那種狀態。這不但不是開悟，甚至連淺定都稱不上。常見的現象就是他們與世界脫離，只想坐在蒲團上，以便能坐在寂靜的迷霧中。

大部分的人都帶著有所求之心來打禪七，想要獲得或成就什麼。幸運的是，禪七結束時，他們大多對禪七的目的改變心意。如果沒有改變心意，很可能是帶著失望離去。如果帶著無所求之心來打禪七，那已經是很好的開始，有沒有得到任何好東西都無所謂。打禪七的最好理由就是：在適合修行的環境中密集修行。如果來時帶的是自由自在的心，不執著於結果，那就沒有什麼可以束縛你的了，光是如此就有理由讓你感覺很好。

即使沒有開悟，也能仿效開悟的行為。開始時不要明顯執著於結果和利益，那些全是自我中心的念頭。如果做得到，那很好；如果做不到，也很好。希望這種態度也能延伸到日常生活中。培養出不計較得失的心態，生活會自由自在得多。如果這裡條件這麼好都無法培養出那種態度，又如何指望日常生活中做得到？如果坐在蒲團上，把自己的經驗和你想像中別人的經驗做比較，只會製造更多的煩惱。

接下來的兩句「所作無滯，去住皆平」是重複先前的兩句。當心不生，擺脫所有執著時，就不會有障礙、來去自如。其實，那時去與來也沒有分別。對沒有障礙或執著的心

來說，健康或生病、有錢或沒錢、生或死，都是平等無二的。當佛經提到開悟的珍貴時，指的不是物質的財富、權勢或聲望，而是心靈自由自在者的那種豐富。解脫心以平等和眞正的智慧與慈悲回應一切情況，但在我們開悟之前，可以練習對得失採取更好的態度。因此，要不計得失，努力用功。

三、開悟的不動之智慧

> 慧日寂寂，定光明明。
> 照無相苑，朗涅槃城。

　　人們告訴我說，我一定有許多智慧，因爲我寫了那麼多書，有那麼多弟子。但寫書和開示是知性的智慧，不是開悟的智慧，因此〈心銘〉所說的那種智慧一定是另一回事。

　　這種不動的智慧如何現前？從何而來？有人說它是佛性，或完全的覺知，或來自不動的心。有人則不試著解釋，而把它比喻成無限的鏡子或無限太陽的光亮。以這種方式來解釋無法解釋之事，是徒勞無功的。

　　佛法談到兩種智慧——根本智和後得智。根本智是不動的，當不再有分別、執著、煩惱時，就會顯現。後得智則是

行動的智慧，那是根本智在回應眾生時的作用。

「慧日寂寂」描述的是不動的、根本的智慧，當不再執著於自我時就會生起。「定光明明」指的是後天智明照的作用。在這種情況下，「定」指的不是打坐專注的不同層次，而是隨著禪的開悟所得到的最高禪定。顯然「寂」、「明」描述的是不同方面的智慧。

接下來的兩句「照無相苑，朗涅槃城」需要進一步解釋。無相的花園真能存在嗎？可能有涅槃城嗎？我最近參觀布魯克林植物園，走過英式、法式、日式的花園，甚至有盲人的花園，或根據莎士比亞劇本中所提到的植物設計出來的花園。顯然，那是有相的花園。在無相的花園中無事可做，而那就是〈心銘〉所描述的。無相的花園不可能存在於物質世界，但存在於不再執著於任何相——不管是我、人、輪迴或涅槃——的人的心中。在無色界中，沒有執著或任何事存在。我們先前說過，來去都是一樣的。這不意味開悟者生活在真空裡，即使他們的心住於無相的世界，他們也還是生活在有相的世界，並在其中活動。

「朗涅槃城」是給追隨小乘自我解脫之道的阿羅漢的訊息。這些開悟者顯露了根本智，但如果不幫助其他眾生，後得智也無法發揮作用。其實，菩薩的後得智照耀在阿羅漢身上，鼓勵他們離開涅槃空城，幫助眾生。

大乘佛教認定自我解脫的涅槃是不究竟的。這不是追隨

菩薩道、幫助他人的修行者會得到的大涅槃。我們每天誦念
四弘誓願，謹記慈悲、菩提心和眾生的利益，但眞正打坐
時，心裡不該有這些原則。要相信自己發的那些願會自動發
揮作用，但在打坐時就把它們放下。

四、沒有念頭時，你是誰？

諸緣忘畢，詮神定質。
不起法座，安眠虛室。

「諸緣忘畢」說的是我們曾經遭遇和未來會遭遇的所有
心理現象和外在現象。「忘」就只是說開悟心並不執著、也
不住於這種事。這不是暗示不再有關係，也不意味著不再對
現象有回應，而是說：與別人的關係和回應，不會打擾開悟
心。

有些人害怕開悟會讓他們忘掉自己認爲重要的一切──
心愛的人、職業、經驗、觀點等。其實，「忘」不是這個意
思。開悟者不否認任何事的存在，卻不執著於任何事。當你
打坐時，能藉著放下自己的過去和環境，來仿效開悟者。放
下一切，直到清清楚楚地在當下這一刻打坐。但當沒有妄念
時，你是誰？你也許認爲那是開悟，但並不是。放下所有過

去和未來的念頭，清清楚楚地在當下這一刻打坐，這時依然會有對自我的覺知——不管是渺小細微的，或是非常龐大、無所不包的，自我中心依然存在。

然而，這種澄明可以被認為是定。對時間的覺知顯示定的深度。如果只在定中很短的時間，卻感覺時間很長，那就表示是淺定。相反的，如果在定中很長的時間，但感覺只是一瞬間，那就表示是更深層次的定。不管是哪種情況，因為覺知到時間，因此依然執著於自我中心。

禪不提倡為了定而修行。傳統的佛法主張必須先體驗到定，才能體驗到開悟，但禪斷言能不經過定就直接體驗到開悟。「諸緣忘畢」指的是直接體驗到無我，把一切執著拋在腦後，包括對時間和當下的覺知。

「詮神定質」意思是開悟的人依然積極參與世界。「神」指的是後得智，開悟的眾生以後得智來回應現象和眾生。

據說，開悟者在回應眾生時不為任何自身利益。這是不是表示眾生要什麼，他們就給什麼？我說過，開悟心不會分別。這是不是表示做決定的開悟者其實並沒有開悟？假設有七個單身漢向一個開悟的女子求婚，每個人都提出這個女子該嫁給他的好理由，她怎麼辦？如果有求必應的話，就得嫁給他們七個人。當然，她不是為了自己的緣故而結婚。如果她開悟的話，不需要跟任何人在一塊，她只是回應他人的需求。答案是：身為開悟的菩薩，她的行動會從智慧自然流

露，會採取適當的決定。顯然，眾生認為他們想要或需要的，不一定是他們得到的。菩薩發願要濟度眾生，但他們不是能滿足每個人願望的精靈。

「不起法座，安眠虛室」描述的是開悟的菩薩的觀點。幫助眾生的最好方式就是運用來自開悟的智慧。運用身體和其他物體來助人是有限的，身體能做的事很有限。「不起法座」表示幫助眾生時不離開佛法。

「安眠虛室」其實最好瞭解為在無限的空間中安詳地睡眠。換句話說，不管是在何時、何地，或有多少眾生需要菩薩幫忙，都沒有關係。如果有緣，菩薩就會回應。眾生視大菩薩彷彿有千手千眼，到處關照、協助眾生。然而，菩薩根本不認為自己是在回應，彷彿只是「安眠」。那是因為菩薩已放下所有的關係和執著。《六祖壇經》說過類似的話：「憎愛不關心，常伸兩腳臥。」

開悟者沒有目標

樂道恬然，優游真實。
無為無得，依無自出。

喜歡追隨禪道的人生活自由自在。我扮演著把佛法帶給世人的角色，因此生活很忙碌——寫作、演講、主持禪七、

到世界各地行腳、督導許多大計畫。人們告訴我，他們不羨慕我的地位，但我沒有感受到任何壓力，反而樂此不疲。相反的，我看到一些人試著喜歡他們所謂的職業，但我看到的卻是緊張、刺激、煩惱與痛苦。

開悟者生活得無拘無束，即使他們表面上看來忙碌，其實卻很自在。平常人想要得到什麼，卻得不到，想要避免什麼，卻避免不了。他們不知道自己所爭取或排斥的東西其實是虛妄的。當沒有自我中心時，就不必去爭取或排斥任何東西。

「無爲無得，依無自出」的意思是說，開悟者沒有目標。他們生活在眾生中，自然而然地幫忙，卻沒有非如此不可的念頭或欲望。對禪修者來說，這兩句詩偈是很有價值的忠告。一旦禪七開始，就應該忘掉自己原先來時可能抱持的目標。不管你想得到什麼，都只會造成障礙，導致煩惱。你們之中有人告訴我：「我坐得不錯，但我覺得自己該邁向另一個階段。一定還有比這更好的東西，爲什麼我沒有邁向更高的層次？」如果有類似這樣的念頭，我保證你不會進步；其實，這類念頭會使看似好的境界結束。

只需堅持於自己的方法。如果你認眞堅持到禪七的最後一秒，我保證你會成功。然而，你還是得不到任何東西，因爲其實沒有東西可得。只有抱著這種態度才可能開悟。

五、四無量心

四度六度，同一乘路。
心若不生，法無差互。

四無量心（慈、悲、喜、捨）是小乘之道的修行方式。六度（布施、持戒、忍辱、精進、禪定、智慧）是大乘之道的修行方式。對禪修者來說，它們也是佛道的修行方式。我在這裡不比較四度和六度的異同，只說它們都是修行的方法。有人也許會主張大乘之道比較好，因為它信奉菩薩的理想，其他人會說小乘之道比較好，因為它比較接近佛陀原始的教訓。開悟心不會為這種分別而煩擾，禪修者也不該如此。它們都是佛道的一部分。

有些人也許會認為數息是初學者的方法，話頭是高深的方法；甚至認為打坐是次要的法，「無修無得」是主要的法。這種態度只會製造問題，因為它滋長分別、愛憎之心。

前兩天我看到一個人在烤箱裡熱培果。他吃了一部分，把剩下的放在冰箱裡。後來，他又把它拿出來加熱。我心想：「他怎麼辦得到？如果我咬培果的話，牙齒會斷掉。」也許對牙齒尖、下顎有力的人，培果滿好吃的。每個人都有不同的喜好和憎惡、不同的優點和缺點、不同的緣份。禪修時，該給每個人適當的方法。進一步說，修行者該瞭解，只

要是適當的方法，就是最好的方法。

去思量自己使用的方法是好是壞、是優是劣、是高是低，是錯失要點，我們不該有這樣的念頭。有些人修數息很多年了，而且下半輩子還會數下去。我也知道有一些修行人一輩子就是參同一個話頭，而且一直在進步。有些人甚至已經有了開悟的經驗，但仍繼續在同一個話頭上用功。

有人甚至可以一輩子用功於一個公案，而從來不覺得厭煩。公案有許多不同層次的意義，有些淺，有些深。進一步說，有初級、中級和高級的公案。

有些老師隨著弟子的修行加深，就給他們一連串的公案去用功，其實，這也是許多禪師經常的作法，但那是不必要的。一方面，你能參同一個公案，而隨著自己的修行加深，在裡面找到更深、更微妙的意義。另一方面，如果你體驗到深悟，那麼一切公案的一切答案對你來說立刻變得清清楚楚，因此不必去參任何其他公案。當然，這種情況很少發生。

對開悟者來說，所有的法都是一樣的。他們不會去分別好壞、大小。學者喜歡分門別類，分別世間法和佛法，接著分別小乘佛法和大乘佛法，又把大乘佛法分為漸悟法和頓悟法。對開悟者來說，這種分別是不必要的——所有的法都是一樣的。

在活動中作用

我們現在來到了〈心銘〉的最後四句詩偈：

> 知生無生，現前常住。
> 智者方知，非言詮悟。

「無生」指的是解脫的阿羅漢心不動，不再生起任何作用。他們住於涅槃，不幫助眾生，所以不是行菩薩道。在最糟的情況下，他們就像沒有生命的石頭一樣。深悟者的心依然會生起而助人，但不被任何事所煩惱。因此，「知生無生」描寫的是在活動中發揮作用、卻維持不動的智慧心。

我見過修行人的身與心分離，或過去與現在分離，甚至可能不認得自己的身體或環境。他們的心依然發揮作用，但他們完全集中於當下的方法。在別人看來，他們顯得遲鈍、笨拙。那種情況並不危險，反而是好徵兆，而且是大多數人在修行中必須經過的階段。然而，這個階段不該維持太久，如果維持太久，禪七就會把正常、平常的人變成白癡，這不是〈心銘〉所說的智慧心。

大多數的禪修者都熟悉以下的說法：「在開始階段，見山是山，見水是水；到第二階段，見山不是山，見水不是水；到最後階段，見山又是山，見水又是水。」大多數人一

輩子都在第一個階段，特色就是自我中心的心──此心分別
彼此，卻被現象所煩惱。第二階段描述的是認真的修行者，
他們只知道當下，結果就和自己的身體和環境分離。這個階
段的人可能難以正常運作。第三階段描寫的是開悟的狀況，
再度完全覺知周圍發生的一切，也能清楚分別彼此。不同的
是：他們不再執著於自我，因此不為環境所動或煩惱。這個
智慧心會回應環境，這就是〈心銘〉所描述的智慧心。

「現前常住」指的是徹悟的人。先前說過，開悟心看似
生起，因為它回應環境，其實並沒有生起，因為沒有執著於
自我中心。開悟心的念頭無一不是智慧，凡夫的念頭則像池
塘水面上的漣漪──既短暫又不連續。然而，開悟心的念頭
就像平靜的水面，任何東西現前都能清楚映照，卻維持不受
干擾。的確，開悟心中所生起的每個念頭都是永恆的，因為
它不離智慧。

這種東西唯有開悟者能瞭解，因為沒有任何文字能解釋
開悟。對他們來說，解釋是沒有必要的。換句話說，我所說
的一切其實都不是真的，它們不是智慧，只是文字。真正的
瞭解只來自直接的體驗。這些開示、經、論、歌、詩和評論
的用處只在於鼓勵修行，並且把佛法用於日常生活中。如果
你的興趣是純粹知性的，那麼這些文字就是無用、空泛的。
我希望它們能激發你去修行，因為唯一有價值的知識就是你
親自體驗的知識。真正的智慧只有在開悟時才出現。

國家圖書館出版品預行編目資料

禪無所求：聖嚴法師的〈心銘〉十二講 /
　聖嚴法師著；單德興譯. —— 初版. ——臺北市
　法鼓文化，民95
　　面；　公分
　譯自：Song of Mind: wisdom from the Zen
　　　　classic Xin Ming
　ISBN 978-957-598-367-3（平裝）

　1.　禪宗— 宗典及其釋　　2. 禪宗— 修持
226.62　　　　　　　　　　　　　　95016117

禪無所求
— 聖嚴法師的〈心銘〉十二講

SONG OF MIND - Wisdom from the Zen Classic *Xin Ming*

著者	聖嚴法師
譯者	單德興
出版	法鼓文化
總監	釋果賢
總編輯	陳重光
編輯	蔡孟璇
封面設計	黃健民
地址	臺北市11244北投區公館路186號5樓
	電話:(02)2893-4646 傳真:(02)2896-0731
網址	http://www.ddc.com.tw
E-mail	market@ddc.com.tw
讀者服務專線	(02)2896-1600
初版一刷	2006年9月
初版十刷	2024年4月
建議售價	新臺幣280元
郵撥帳號	50013371
戶名	財團法人法鼓山文教基金會-法鼓文化
北美經銷處	紐約東初禪寺
	Chan Meditation Center (New York,USA)
	Tel: (718)592-6593 E-mail: chancenter@gmail.com

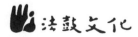